KB094497

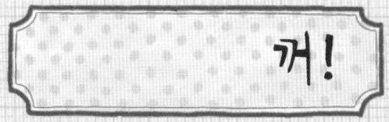
께!

시간의 규칙을 찾아서

시간의 규칙을 찾아서

글 과학주머니 | 그림 이지후

|주|자음과모음

차례

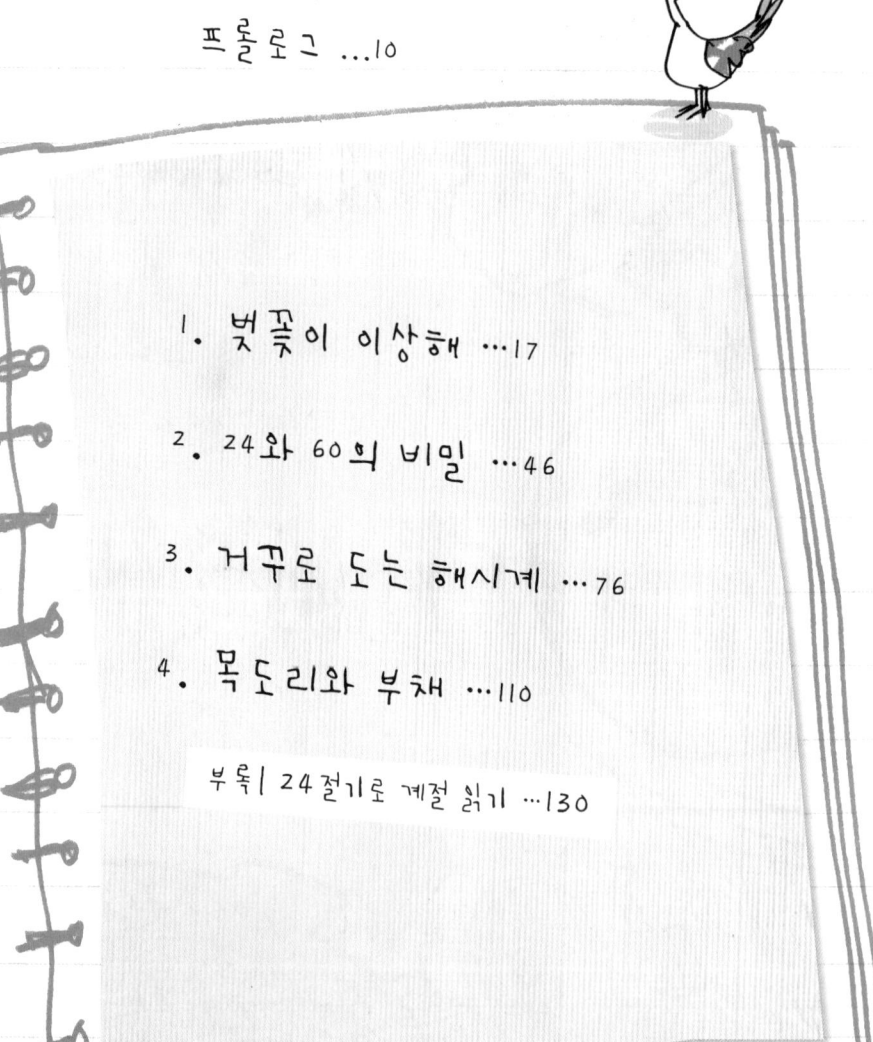

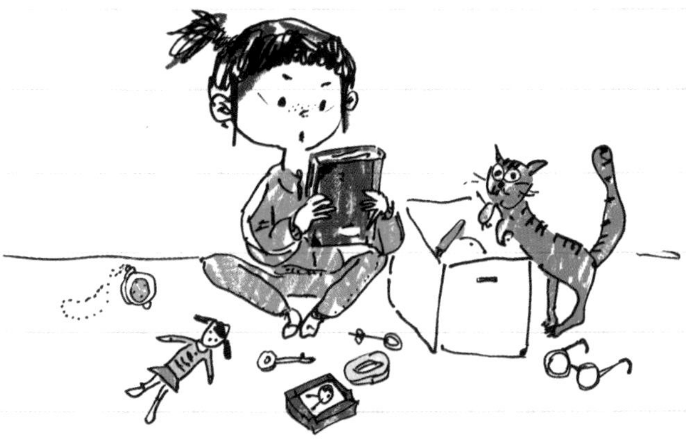

눈썹 없는 미녀로 유명한 그림, 〈모나리자〉입니다. 레오나르도 다빈치가 그린 이 인물은 눈썹이 없고 미소가 아름답다는 점 외에도 과학적·수학적으로 재미있는 특징이 많습니다. 모나리자와 눈을 맞춘 채로 자리를 옮겨 보세요. 여러 방향에서 바라봐도 모나리자의 시선이 항상 나를 따라오는 것처럼 보입니다. 평면 그림에서 일어나는 착시 때문이지요. 또한 그림이 황금비를 이루어서 그림 속 인물이 유독 안정적으로 보입니다. 황금비는 정오각형의 한 변과 대각선이 이루는 길이 비(약 1:1.618)로, 사람들이 가장 아름답다고 느끼는 비율입니다. 이처럼 그림 속 인물을 과학과 수학으로 살펴보면 눈에 보이는 것

이상으로 풍부하게 감상할 수 있어요.

일상생활에서도 여러 가지 관점으로 문제를 바라보면 해결할 수 있는 가능성이 높아집니다. 이 책은 이러한 생각을 바탕으로 만들었습니다. 봄이 되면 꽃이 피는 이유는 무엇일까요? 시곗바늘은 왜 오른쪽으로 돌아갈까요? 하루는 왜 24시간일까요? 2월 29일은 왜 있을까요? 시곗바늘이 째깍 째깍 소리를 내며 일정한 속도로 가는 이유는 무엇일까요? 모두 '시간'에 관한 궁금증이죠. 선뜻 답을 내리기는 어렵지만 우리가 한 번쯤 생각해 봤음직한 질문들입니다.

손에 잡히지 않는 시간을 설명할 수 있느냐고요? 과학·수학·역사 등 다양한 지식을 활용하면 생각보다 쉽게 해결 방법을 찾을 수 있답니다. 우리 주변의 사건들 중 과학과 수학이 관련되지 않은 문제가 거의 없기 때문이겠지요. 지금부터 초이가 되어 분희와 재각이를 만나보세요. 뜻하지 않게 과거로 옮겨 간 초이가 다시 현재로 놀아오는 방법을 찾는 사이 시간의 개념을 재밌게 이해할 수 있을 거예요. 시간이 얼마나 소중한지도 느낄 수 있을 테고요.

'쨍그랑!'

초이가 방금 모래시계를 깨뜨렸나 봅니다. 늦기 전에 신비로운 시간 여행을 따라가 볼까요?

꺼내도 꺼내도 줄어들지 않는 마법의 과학주머니

초이

궁금한 게 많은 천방지축 초등학교 3학년 소녀. 숫자와 기계에 호기심이 많지만 시계를 읽는 법에는 도통 관심이 없다. 우연히 모래시계를 깨트리고 엄마와 아빠가 살던 과거로 이동한다.

분회

과거에서 초이가 만난 초이의 엄마. 첫인상은 새침하지만, 곁에 있는 사람들을 배려하는 어른스러운 마음씨를 갖고 있다. 재각이와 힘을 합쳐서 초이를 현재로 돌려보낼 방법을 찾는다.

아저씨

지금은 돌아가신 초이의 외할아버지이자 분희의 아버지. 시간의 개념과 시계의 작동 원리를 꿰고 있다. 아이들의 엉뚱한 호기심까지도 늘 성의 있게 풀어 준다.

재각이

분희의 가장 친한 친구. 훗날 분희의 남편이자 초이의 아빠가 된다. 초이에게는 늘 엄하지만, 어릴 적 모습은 영락없는 개구쟁이다. 시간에 대해 탐구하는 사이 초이와 둘도 없는 친구가 된다.

왓치

초이기 키우는 검은 고양이. 주변 물건을 잘 망가트리는 사고뭉치이지만 신통하게 주인의 말을 알아듣고 따른다. 초이와 함께 과거로 이동하여 시간을 오가는 힌트를 준다.

모래시계를 훔치다

"초이야, 대체 몇 번째야?"

오늘도 초이는 호통 소리에 잠에서 깼다. 아빠의 얼굴이 굳어 있었다.

"정오에 산에 가기로 했으면 일찍 자고 일찍 일어나야지. 만날 이렇게 늦잠 자서야 되겠니?"

초이가 부스스 일어나 앉았다.

'아…… 또 시작이시네. 아빠의 잔소리 좀 안 들을 수 없을까?'

초이가 딴생각을 하는 사이에도 아빠의 꾸지람은 쉽게 끝나지 않았다.

"어제도 그래. 전화도 없이 친구네 집에서 그렇게 늦게까지 놀면 어떻게 하니?"

"그게 아니라⋯⋯."

초이가 작게 중얼거리자 아빠의 목소리가 더 커졌다.

"약속을 지키는 건 기본 중의 기본이야. 너에게 소중한 시간은 다른 사람에게도 똑같이 소중하단다. 알겠니?"

"네⋯⋯."

초이가 고개를 푹 숙이자 초이의 엄마가 나섰다.

"여보, 그만해요. 그 정도면 알아들었을 거예요. 초이가 아직 시계를 잘 못 보잖아요. 그래서 어제 시간 가는 줄 몰랐대요."

초이가 그제야 고개를 살짝 들고 작은 목소리로 말을 이었다.

"일부러 늦은 거 아니에요. 어제 디지털시계를 안 차고 나갔어요."

하지만 말이 떨어지기가 무섭게 아빠의 불호령이 떨어졌다.

"열 살이나 돼서 아날로그시계 못 읽는 게 자랑이야? 오늘은 어디 놀러 갈 생각 말고 시계 보는 법부터 익히렴. 알겠니?"

초이가 입을 삐죽거리자, 밖에 나가려던 엄마가 초이를 보고 눈짓을 했다.

"초이야, 얼른 옷 챙겨 입고 나와. 일요일이니까 찜질방에 가서 땀 빼고 오자. 갔다 와서 시계 어떻게 읽는지 다시 알려 줄게."

초이는 눈을 크게 뜨고 몸을 벌떡 일으켰다. 이럴 땐 엄마를 따라가는 게 상책이다.

"응, 갈게요."

"오초이, 아빠 말 잊지 마."

초이는 아빠의 목소리를 뒤로하고 재빨리 방을 나와 현관으로 달려 나갔다. 곧 3월인데도 바깥 날씨는 여전히 쌀쌀했다. 앙상한 나뭇가지들이 바람에 흔들리는 모습이 꼭 한겨울 같았다.

"봄이 언제 오려나……. 아직 춥네."

"으으, 빨리 3월이 되면 좋겠다."

초이가 외투를 여미며 찜질방을 향해 뛰어갔다.

한증막 입구에 들어서자 후끈한 열기가 느껴졌다. 초이는 수건으로 머리를 감싸고 엄마와 함께 안으로 들어갔다.

"앗, 뜨거워."

"덥지? 너는 20분만 있다가 나가."

20분이란 말에 초이는 습관적으로 손목을 올렸다. 하지만 디지털 시계가 없었다. 옷을 갈아입을 때 시계를 풀어 둔 모양이었다. 초이가 주변을 두리번거리자 엄마가 한쪽 벽을 가리켰다.

"으이그. 저기 있어, 디지털시계. 그런데 너 언제까지 디지털시계만 볼래?"

엄마가 걱정 섞인 목소리로 초이에게 물었다. 하지만 초이는 천연덕스럽게 대꾸했다.

"동그란 시계는 바늘이 세 개나 있어서 너무 헷갈린다고요."

엄마가 짧게 한숨을 쉬었다.

"동그란 시계가 아니라 아날로그시계라고 하는 거야. 디지털시계만 보니까 시계를 안 가져가면 시간도 잘 모르잖아. 시계를 못 보는 건 자랑이 아니야. 엄마 어릴 때는……."

"알아요. 외할아버지 이야기 하려고 하지? 외할아버지는 시계를 직접 만드셨다면서요? 그러니까 당연히 엄마는 시계를 잘 보죠."

초이의 표정이 뽀로통해졌다. 초이는 시간을 읽지 못하는 게 그리 신경 쓰이지 않았다.

"맞아. 엄마는 외할아버지 덕분에 시계 보는 건 자신 있었어. 재미도 있고. 눈에 보이지도 않는 시간을 잰다는 거, 신기하지 않니?"

"그렇게 신기하지는 않은데……. 알았어요. 이제 배울게요."

초이는 건성으로 대답하고 다시 주변을 살폈다. 그때 초이의 눈에 선반에 놓인 모래시계가 들어왔다. 모래시계 안의 모래가 모두 아래쪽에 쌓여 있었다. 초이가 손을 뻗어 모래시계를 뒤집으며 말했다.

"이거 이렇게 엎어 놓으면 모래가 내려가는 거죠? 모래시계!"

모래시계를 뒤집자 비어 있는 칸으로 모래가 흘러내리기 시작했다. 초이는 모래시계 허리 부분의 좁은 틈으로 모래알이 떨어지는 모습을 가까이 들여다봤다. 작은 모래알들이 바닥에 소복이 쌓여 갔다.

"그럼 시간을 어떻게 재는지도 알겠네?"

엄마가 물었다.

"음…… 다 내려가면 시간이 끝나는 건가……?"

초이가 대답을 못하고 중얼거리는 사이 모래가 모두 바닥에 쌓였다. 모래 알갱이의 움직임이 멈추자 마치 시간이 멈

모래가 떨어져 내리네.

춘 것만 같았다. 엄마가 모래시계를 다시 뒤집으면서 말했다.

"초이야, 시간은 끝나지 않아. 지금 이 순간에도 흐르고 있어."

초이는 엄마의 말이 쉽게 이해되지 않았다. 모두 다 아는 걸 혼자만 모르는 것 같아 마음이 답답해졌다.

"엄마, 나 먼저 집에 가 있을게요."

"왜? 아직 20분 안 지났어."

"가슴이 좀 답답해서 그래요. 이따 봐요, 엄마."

초이는 벌떡 일어나 밖으로 나갔다. 아침부터 꾸지람과 잔소리를 들으니 마음이 좋지 않았다. 얼른 옷을 갈아입고 집에 돌아가 편히 쉬고 싶었다. 그런데 찜질복 바지 주머니가 묵직했다. 초이는 고개를 갸우뚱거리며 주머니에 손을 집어넣었다.

"이게 왜 여기 들어 있지?"

주머니 안에 들어 있는 것은 한증막에서 들여다보던 모래시계였다. 나올 때 무심코 주머니에 넣은 모양이었다.

'조금만 더 갖고 놀고 싶은데……. 이따 저녁때 가져다 놓으면 안 될까?'

초이는 반짝이는 모래 알갱이를 들여다보며 머뭇거렸다.

'아냐, 말 안 하고 가져가는 건 훔치는 거야…….'

하지만 생각과 달리, 문을 나서는 초이의 손에는 모래시계가 쥐어져 있었다. 자기도 모르게 모래시계를 가지고 나와 버린 것이다.

'내가 뭘 한 거지? 이제 어떻게 하지?'

초이는 두근거리는 마음을 숨기고 주변을 두리번거렸다. 그리고
모래시계를 끌어안은 채로 집을 향해 곧장 달렸다.

시간의 규칙을 찾아서

벚꽃이 이상해

초이는 헐레벌떡 집에 들어서서 대문을 잠갔다. 그때 시커먼 물체가 초이 옆을 스쳐 지나갔다.

"야아옹."

"앗, 깜짝이야! 왓치!"

아빠가 혼자 산행에 나섰는지 집에는 고양이 왓치뿐이었다.

초이는 놀란 가슴을 쓸어내리며 왓치와 함께 2층 다락방으로 향했다. 다락방은 초이가 혼자 조용히 놀고 싶을 때 가끔 올라가는 곳이다. 다락방으로 가려면 부엌 옆문과 연결된 나무 계단을 올라가야 한다. 초이는 부엌 옆문 열쇠를 어디에 두었는지 기억을 더듬었다.

"……냉장고 위에 뒀나?"

의자를 밟고 냉장고 위를 보니 역시나 열쇠가 있었다. 열쇠로 문을 열고 나무 계단을 올라가자 다락방 입구가 보였다. 초이는 조심히 한 발을 앞으로 딛고 벽을 더듬어 전등 스위치를 켰다.

'탁.'

전등에 불이 들어오자 다락방 안이 환해졌다. 왓치도 초이를 따라 안으로 들어왔다. 이 다락방은 외할아버지의 작업실이었다. 책상 위에 시계를 만드는 데 필요한 태엽과 시곗바늘이 흩어져 있고, 낡은 회중시계나 괘종시계처럼 평소에 보기 힘든 시계들이 빼곡했다.

시간의 규칙을 찾아서

액자의 사진 속에서 젊은 시절 외할아버지와 어릴 적 엄마가 환하게 웃고 있었다.

'뻐꾹, 뻐꾹, 뻐꾹.'

그때 뻐꾸기시계가 3시를 알렸다.

"왓치, 여기엔 정말 신기한 시계가 많지? 나도 사실 시간을 잘 읽고 싶은데 너무 어려워. 점점 더 자신도 없어지고……."

초이가 왓치를 보면서 말했다. 사진 속 엄마가 자신을 한심하게 보는 것만 같았다.

왓치는 이런 초이의 마음을 아는지 모르는지 조용히 초이의 손끝을 올려다보고 있었다. 초이가 왓치에게 모래시계를 내밀면서 중얼거렸다.

"휴…… 맞다. 이제 어떻게 하지? 나도 모르게 이 모래시계를 가지고 왔어."

"야아옹!"

그때 갑자기 왓치가 초이에게로 달려들었다. 초이는 순간 너무 놀라 모래시계를 놓지고 말았다.

'탁!'

재빨리 손을 뻗었지만 모래시계는 이미 바닥에 떨어져 있었다. 유리가 좀 깨진 것 같았다. 초이가 모래시계를 집어 들자 깨진 유리 틈으로 모래가 쏟아져 나왔다.

말풍선: 앗, 모래시계가 깨졌어.

"으앗, 왓치! 깨트리면 어떡해. 이거 돌려줘야 하는데!"

왓치는 어느새 구석으로 도망가 큰 상자 뒤에 숨었다. 초이는 급한 마음에 눈앞에 보이는 큰 상자 안부터 살펴봤다. 상자 속에는 오래된 잡동사니들이 가득했고 그 사이에 테이프가 보였다.

"우선 테이프로 금 간 데를 붙여야겠어. 그리고 찜질방에 가지고 가서 내가 가져갔다고 솔직하게 말할 거야. 그게 편하겠지?"

초이가 재빨리 테이프 끄트머리를 잡아 들었다. 그러자 테이프와 함께 낡은 공책이 딸려 올라왔다.

"이게 뭐지? 일기장인가?"

초이가 뽀얀 먼지를 털고 공책을 펼쳤다. 예상대로 일기장이었다.

"초이랑 왓치?"

자신의 이름이 나오자 의아했지만, 지금은 깨진 모래시계를 고치는 게 우선이었다. 초이는 일기장을 책상 위에 두고 그 위에 깨진 모래시계를 조심히 뉘었다. 그런데 그 순간 왓치가 또다시 책상 위로 뛰어올랐다.

　"왓치, 왜 자꾸 그래? 혼난다!"

　왓치가 모래시계를 다시 건드리는 바람에 남아 있던 모래가 일기장 위로 몽땅 쏟아졌다.

　'째깍, 째깍, 째깍, 째깍……'

　그 순간 갑자기 시끄러운 초침 소리가 들려왔다.

　"앗, 귀 따가워!"

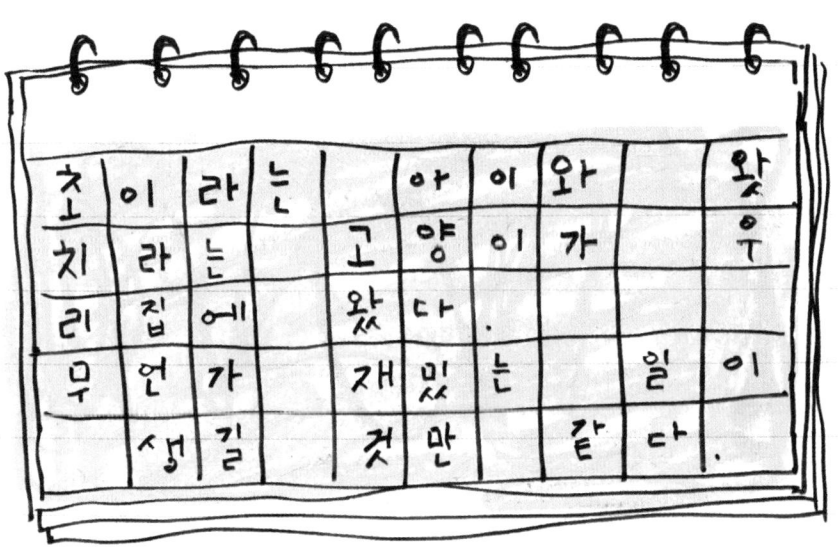

우리 이야기는 아니겠지?

초이가 얼굴을 찡그리며 귀를 막자 눈 깜짝할 사이에 소리가 잦아 들었다.

"그 소리는 뭐였지? 내가 너 때문에 정신이 없다, 없어."

초이는 고개를 좌우로 내저으며 책상 위로 눈을 돌렸다. 하지만 책상 위에는 깨진 모래시계뿐이었다. 모래시계 바로 밑에 있던 일기장은 온데간데없었다.

"아 참, 도대체 어디 간 거야? 우선 모래라도 치우자."

초이는 책상 아래까지 둘러본 다음 쏟아진 모래를 모아 쓰레기통에 버렸다.

"왓치, 다락방 안이 아까랑 달라진 것 같지 않니?"

초이는 왠지 낯설어 주변을 둘러보았다. 하지만 무엇이 다른지는 확실히 알 수 없었다.

왓치가 사뿐히 다락방을 나서는 걸 보고 초이도 재빨리 모래시계를 들고 계단을 내려왔다. 그리고 모래시계를 돌려주기 위해 왓치와 함께 찜질방으로 향했다.

"네가 깨트렸으니까 나랑 같이 가자. 알겠지?"

밖으로 나오니 갑자기 햇빛이 더 환해진 것 같았다.

'어두운 곳에 있다가 나와서 그런가?'

골목을 벗어나자 좀 전만 해도 쌀쌀했던 공기가 따스하게 느껴졌다. 게다가 큰길에는 아까 볼 수 없던 벚꽃이 흐드러지게 피어 있었다.

"와, 예쁘다. 어떻게 그사이에 폈지? 갑자기 봄이 왔나?"

초이는 화사한 벚꽃을 보며 계속 앞으로 걸었다. 그런데 한참을 가도 찜질방이 보이지 않았다. 멈춰 서서 주변을 둘러보니 와 본 적이 없는 낯선 장소였다.

"왓치, 이상해. 우리 길을 잃었나 봐. 여기가 어디야?"

"이야옹."

그때 길 건너편에 낯이 익은 듯한 얼굴이 보였다. 돌아가신 외할아버지와 꼭 닮은 아저씨였다. 초이는 길을 묻기 위해 아저씨에게

다가갔다.

"아저씨, 여기 뜨뜻 찜질방이 어디 있어요?"

"그런 곳 없는데. 뜨뜻 목욕탕 말하는 거니?"

"네. 뜨뜻 목욕탕이었던 곳이오. 2012년에 수리하면서 찜질방으
로 이름을 바꿨는데……."

아저씨가 어리둥절한 표정을 지었다.

"뭐, 2012년? 지금 무슨 소리를 하는 거니? 지금은 1985년인데."

"네에?"

뜻밖의 대답에 초이는 순간 말을 잃었다. 천천히 주위를 둘러보니 분명 평소와는 다른 분위기였다. 주변 학교 담에 '서교국민학교'라는 낯선 표지판이 붙어 있고 사람들의 옷차림도 평소와 다르게 보였다.

'아! 신문을 보면 지금이 언제인지 정확히 알 수 있을 거야. 오늘 날짜가 있으니까.'

초이는 멀찌감치 보이는 신문 가판대로 뛰어가서 신문 하나를 뽑아 들었다. 거기에는 1985년 2월 20일이라고 쓰여 있었다.

"맙소사! 지금이 1985년 2월 20일이라고?"

초이는 자신도 모르게 큰 소리로 외쳤다. 지나가던 아주머니가 깜짝 놀란 듯 초이를 바라보았다. 초이는 자신의 입을 손으로 막은 채 눈을 동그랗게 떴다.

'앗, 조심하자. 내가 2013년에 살았다고 하면 사람들이 나를 이상하게 생각할지도 몰라.'

초이는 다시 외할아버지와 닮은 아저씨에게 달려갔다.

"아저씨."

아저씨가 초이를 돌아다보았다.

"왜 그러니?"

"음…… 여기가 어디죠?"

"여긴 서교동인데. 너 혹시 길을 잃은 거니?"

"아니요, 그건 아니고요……."

초이는 주위를 둘러보며 핑곗거리를 찾았다. 가까이 아까 본 학교가 있었다.

"아, 저 초등학교…… 아니, 국민학교를 찾아왔는데 동 이름을 몰라서요."

"그랬구나."

겨우 둘러대긴 했지만 초이는 머릿속이 새하얘졌다. 이 상황을 벗어날 때까지는 반드시 다른 사람의 도움이 필요했다. 지금은 거짓말을 해서라도 아저씨를 붙잡아야겠다는 마음이 들었다.

"저, 아저씨, 그게 그러니까요…… 제가 어릴 때 미국에 입양되었는데 엄마를 찾으러 무작정 한국으로 왔어요. 음…… 제가 입양되기 전에 머물던 곳이 이 근처라고 들었는데 막상 와 보니 어디인지 잘 모르겠어요. 무작정 길거리를 걷다가 여기까지 오게 된 거예요."

"저런, 딱한 사정이 있었구나. 엄마를 만나고 싶은 마음은 이해하지만, 이렇게 혼자 길거리를 헤매서야 되겠니?"

"저…… 죄송하지만 당분간 아저씨 집에 머물면 안 될까요? 조금만 지내다가 돌아갈게요."

초이는 말을 하면서 스스로 놀랐다. 처음 보는 아저씨에게 이런 부탁을 하다니, 낯을 많이 가리는 초이의 평소 성격으로는 상상도 할 수 없는 일이었다. 외할아버지를 닮아서인지 아저씨가 낯설지 않았다.

"흠…… 네가 불편하지 않다면 그렇게 하려무나."

아저씨는 잠시 생각하다가 흔쾌히 집으로 초대해 주었다.

"우리 딸이 네 또래니까 둘이서 방을 같이 쓰면 될 거 같구나. 네가 데려온 고양이도 함께 가야겠네."

"감사합니다!"

"이야옹."

초이와 왓치가 합창을 하듯이 인사했다.

아저씨의 집은 멀지 않은 곳에 있었다. 처음 온 곳인데도 언젠가

와 본 것 같은 느낌이 들었다.

"우선 마루에 앉아서 좀 쉬고 있으렴."

"네."

왓치가 먼저 대청마루에 올라갔다. 초이도 왓치를 따라 마루에 걸터앉았다. 집에서 나설 때보다 따뜻해서인지 밖에 있어도 그렇게 춥지 않았다.

"그런데 너, 이름이 뭐니?"

"오초이라고 합니다."

"초이, 초이…….

이름이 참 예쁘구나. 점심때니 배고프겠다. 우리 딸이 오기 전에 옥수수 좀 주마."

'점심이라고? 다락방에서 나오기 전에 3시가 넘었었는데?'

초이에게 여러 가지 의문점이 한꺼번에 몰려왔다. 왜 갑자기 과거로 오게 된 건지, 왜 날씨가 따뜻해졌는지, 아저씨가 어떻게 외할아버지와 닮았는지, 알 수 없는 일투성이였다. 마치 신 여행을 하고 돌아온 것처럼 온몸이 나른했다. 머리를 마루 기둥에 기대자 졸음이 몰려왔다.

'아, 여기서 잠들면 안 되는데……. 왜 이렇게 졸리지? 따뜻해서 그런가?'

분희

초이가 깜빡 잠든 사이 마당으로 여자아이가 들어왔다. 아저씨의 딸 분희였다. 분희는 마루에 걸터앉은 채 곯아떨어진 초이 앞에 서서 고개를 갸웃거렸다. 초이 곁에서는 왓치가 졸고 있었다.

'쟨 누군데 남의 집 마루에서 잠을 자고 있어? 저 고양이는 또 뭐지?'

분희가 고개를 돌려 아빠를 찾았다.

시간의 규칙을 찾아서

"아빠, 쟤네 뭐예요?"

"길 잃은 아이인데 며칠간 우리 집에서 머무르기로 했다."

"그럼 저랑 같이 지내야 돼요? 누구인지도 모르는데? 아, 싫은데……."

"쉿, 들을라. 사연이 있는 아이야. 아빠가 저 아이의 부모를 찾아볼 테니 며칠만 지내거라. 깨어나거든 싫어하는 티 내지 말고."

"……네."

분희는 마지못해 고개를 끄덕였다. 두런거리는 소리를 듣고 초이가 부스스 잠에서 깼다. 눈을 비비는 초이에게 분희가 먼저 말을 걸었다.

"일어났니? 나는 분희라고 해. 열 살. 네 이름은 뭐야?"

"으응……, 난 초이야. 오초이. 나도 열 살이야. 그리고 애는 왓치야. 근데 너, 이름이……."

초이는 말을 하면서 다시 한 번 두 눈을 문질렀다. 눈앞에 있는 여자아이는 엄마의 어린 시절 모습과 똑같았다. 게다가 엄마와 이름까지 같았다. 엄마의 어린 시절 사진이 실물이 되어 튀어나온 것 같았다.

'아닐 거야. 그냥 엄마랑 닮은 거겠지.'

초이는 놀란 마음을 숨기고 말을 이었다.

"반가워. 너희 집에서 신세를 지게 돼서 미안하고 고맙다."

"불편하지만 어쩔 수 없지 뭐⋯⋯."

대답하는 분희의 표정이 썩 밝지는 않았다. 초이는 자리에서 일어나 아저씨를 보고 말했다.

"아저씨, 죄송해요. 평소에는 낮잠을 안 자는데 그만 염치없이 잠들어 버렸어요. 너무 졸려서⋯⋯."

아저씨가 손사래를 치며 대답했다.

"아냐, 괜찮다. 외국에서 왔다고 했지? 그럼 시차 때문에 일어나는 현상일 수 있지."

"시차요?"

"넌 그것도 모르니? **시차, 시간의 차이라는 뜻이야.**"

옆에 있던 분희가 대화에 끼어들었다. 아저씨가 분희에게 눈짓을 하며 말을 이었다.

"분희가 말한 것처럼 시차란 시간의 차이를 말한단다. 비행기같이 빠른 교통수단을 이용해 나라에서 나라로 이동하는 경우에 생기지. 만약 초이 **네가 있던 곳이 지금 밤이라면, 네 몸은 지금을 밤으로 여길 거야. 이곳이 낮이라고 해도 말이다.**"

"몸이 시간을 느낀다고요?"

"**사람의 몸은 하루를 주기로 규칙적으로 움직인단다. 일종의 습관이라고 생각하면 돼.** 그런데 시차로 인해 그 규칙이 깨지게 되니 새로운 환경에 몸이 미처 적응을 못한 거지."

초이가 고개를 끄덕였다. 찜질방에서 돌아왔다가 다시 집을 나섰던 시간이 오후였으니, 길을 헤매다가 아저씨의 집에 도착한 때는 잠들 시간이었다.

"그래서 그런지 계속 나른하고 졸려요."

"이곳의 시간에 적응할 때까지는 낮에 계속 그럴 거야."

"그랬구나. 저는 여기가 따뜻해서 졸음이 오나 했어요."

"날씨라…… 그것도 틀린 말은 아니구나. 모든 생물은 날씨에 적응하면서 살아가거든."

"추운 겨울에 개구리가 겨울잠을 자는 것처럼요?"

분희가 물었다.

"그래. 개구리나 곰은 겨울에는 활동을 멈추고 꽤 오랫동안 잠을 자. 그리고 따뜻해지면 일어나서 활동하지. 동물만이 아니라 식물도 날씨의 영향을 많이 받아."

"맞아요, 아빠. 이상하게 지금 2월인데도 벚꽃이 일찍 피었잖아요. 날씨가 평소보다 따뜻해서 그렇대요."

분희의 밀에 초이가 고개를 끄덕였나.

"나도 오면서 봤어. 2월인데 벚꽃이 활짝 피어 있어서 이상했어."

"식물이 싹을 틔우고 자라고 꽃을 피우는 데 날씨가 아주 중요한 요인이지. 작년에 벚꽃이 언제쯤 피었는지 기억나니?"

"겨울 방학이 끝나고 새 학년 올라갔을 때요. 그러니까…… 3월이

나 4월?"

"그래. 보통 3월 중순 이후에 개나리나 진달래, 벚꽃 같은 봄꽃이 핀단다."

가만히 이야기를 듣던 초이가 고개를 갸우뚱했다.

"어? 작년에 4월 초에 피었어요. 제 생일 즈음이라 똑똑히 기억나요."

"맞다, 초이야. 남쪽이 먼저 따뜻해지고 점차 북쪽으로 따뜻한 계절풍이 올라오기 때문이야. **남쪽에 위치한 제주도 지역은 3월 중순이면 꽃이 피지. 비교적 북쪽에 있는 서울 지역은 4월경에야 꽃이 필 만큼 따뜻해져.**"

"아, 알겠어요. 꽃이 남쪽 지방에서 먼저 피고 서울에서는 4월에야 피는구나."

"그런데 지금은 2월인데, 꽃이 두 달이나 먼저 핀 거예요? 세상에 이런 일이 일어날 수도 있어?"

분희가 아빠와 초이를 번갈아 보며 물었다.

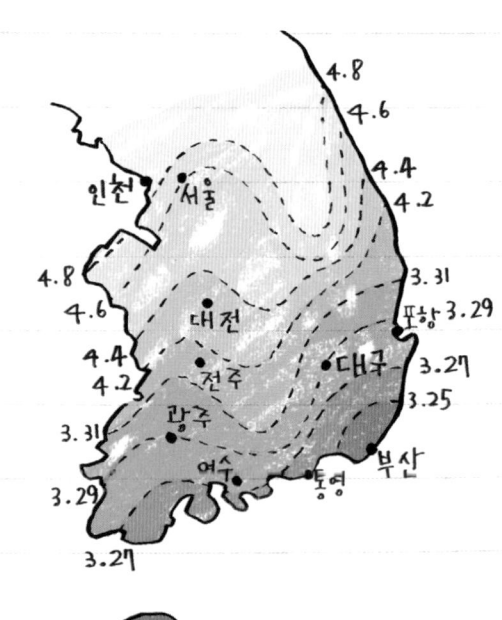

시간의 규칙을 찾아서

"그러게 말이다. 너무 신기한 일이라서 어제 뉴스에도 나오더구나. 이상 기후라고 말이야. 보기 드문 일이지."

그때 부엌에서 맛있는 찌개 냄새가 새어 나왔다.

"찌개가 다 끓었나 보구나. 손님이 왔는데 저녁 식사가 늦었네. 방에 들어가거라. 금방 상을 차려 줄게."

"아까 점심이라고 하시더니…… 제가 그렇게 오래 잤어요?"

"하하, 그래. 어찌나 곤히 자던지 못 깨웠지. 방에 들어가렴."

초이가 분희의 방에 들어가 두리번거리는 사이, 아저씨가 비빔밥과 된장찌개를 차려서 가지고 왔다. 초이는 비빔밥을 보고 군침이 돌았다.

"와아, 맛있겠다. 잘 먹겠습니다. 오늘 많이 걸어다녔더니 배가 고파요."

"그래, 많이 먹으렴."

초이는 인사와 동시에 비빔밥 그릇을 끌어당겨 허겁지겁 먹기 시작했다. 옆에 앉은 분희는 그런 초이의 모습이 못마땅했다.

"얘, 넌 아무리 배가 고파도 그렇지. 너 혼자 모두 먹어 버릴 기세다."

"어, 내가 그랬나? 미안해. 좀 천천히 먹을게."

초이는 엄마를 닮은 분희가 자기에게 쌀쌀하게 대하는 것이 낯설고 섭섭했다. 하지만 오늘 처음 만난 친구에게 이런 기분을 설명하기도 어려웠다. 초이는 친해질 때까지 분희에게 무조건 친절하게 대하기로 마음먹었다.

"그런데 분희 너는 왜 안 먹어? 정말 맛있어."

"뭐, 나는 별로……."

'꼬르륵!'

대답과 동시에 분희의 배에서 꼬르륵 소리가 났다. 분희가 놀라서 자신의 배를 움켜쥐고 초이의 눈치를 살폈다. 그 모습을 본 초이와 아저씨가 웃음을 터트렸다.

"너도 배가 고픈 것 같은데."

시간의 규칙을 찾아서

"허허허. 그래, 분희야, 배꼽시계가 울리잖니."

"아이참, 알겠어요. 잘 먹겠습니다."

분희가 머리를 긁적이며 숟가락을 들었다.

"그런데 아빠, 왜 밥 먹을 때가 되면 꼬박꼬박 배가 고플까요? 꼬르륵 소리도 나고. 신기해요."

"맞아. 정말 배 속에 시계라도 들어 있는 거예요?"

초이도 아저씨에게 질문했다.

"몸속에 진짜 시계가 들어 있는 건 아니지만, 비슷해. **생물이 스스로 시간의 흐름을 측정할 수 있거든. 생물이 마치 시계처럼 작동한다고 해서 그걸 생체 시계라고 하지.**"

"생체 시계요?"

초이는 말을 던지고 잠깐 생각에 잠겼다.

"아저씨, 제가 아까 졸렸던 것도 생체 시계와 관련이 있죠?"

"그래. **각 시간마다 특별히 활발한 생체 활동이 있지.** 예를 들어 밤 12시에는 세포의 재생력이 뛰어나다고 해. 새벽 2시쯤에는 성장 호르몬이 가장 활발하게 분비되고."

"그래서 아빠가 12시 전에 잠자리에 들라고 하시는 거예요?"

"그렇지. 성장기 아이들은 그 시간대에 잠을 푹 자야 키 크는 데 필요한 성장 호르몬이 분비돼. 어른들도 자정 근처에 잠을 자야 피로가 수월하게 회복된단다."

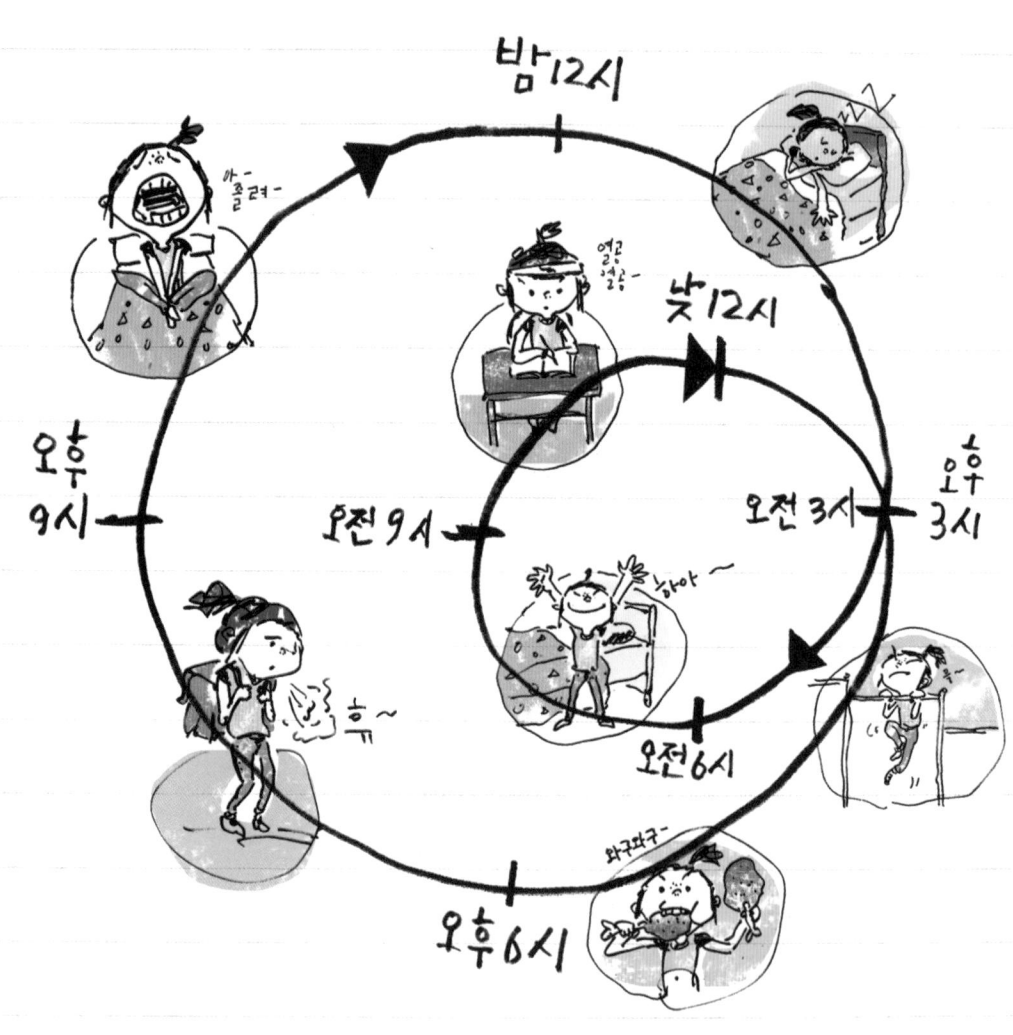

시간의 규칙을 찾아서

"와, 신기해요. 그럼 아침이랑 낮에는요?"

"오전 10시쯤에는 집중력이 높아져. 그래서 이 시간에 공부를 하거나 어려운 결정을 하면 효율적이지. 점심을 먹고 나서는 어떠니?"

초이가 부른 배를 어루만지며 말했다.

"점심에 밥을 많이 먹으면 졸리던데요."

아저씨가 초이를 쳐다보고 웃으며 말을 이었다.

"하하. 나도 그렇단다. 보통 점심을 먹은 뒤 오후 2시쯤에 식곤증이 나타나지. 오후 3시쯤에는 신체 활동을 하기 좋고, 5시쯤에는 식욕이 왕성해진단다. 오후 10시쯤에는 잠이 오고."

분희는 아빠의 이야기를 들으면서 시계를 들여다봤다.

"그럼 **사람의 생체 시계는 24시간을 ⊛ 주기로 규칙적으로 반복되네요.**"

초이가 의아해서 분희를 보고 물었다.

"왜 24시간이야?"

"밤 10시부터 사성을 시나고 아침과 성오, 다시 오후를 지나서 밤 10시로 돌아왔잖아. 시곗바늘이 두 바퀴를 도니까 24시간이지."

"어, 어."

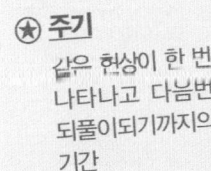

⊛ 주기
같은 현상이 한 번 나타나고 다음번 되풀이되기까지의 기간

초이가 분희의 말을 알아들은 것처럼 얼버무렸다.

"그래. 사람의 생체 시계는 하루, 즉 24시간마다 반복되는 걸 알 수 있지? 우리가 밤에 잠을 자고 아침에 일어나는 것, 밥 먹을 때가 되면 배가 고픈 것도 다 그 때문이고."

"그럼 제 배에서 꼬르륵 소리가 난 것도 생체 시계가 작동한 거네요."

"넓게 보면 그렇다고 할 수 있지. 밥 먹을 때가 돼도 밥을 먹지 않으니까 위가 빈 상태로 ⭐ 연동 운동을 해서 소리가 난 거야."

> **⭐ 연동 운동**
> 동물의 위나 장 근육이 수축하는 운동. 연동 운동을 통해 음식물이 이동한다.

"와, 몸의 생리 현상들이 생체 시계 때문이었다니."

"분희야, 다음부터는 배에서 꼬르륵 소리가 나도 창피해하지 마."

"뭐라고? 하하."

초이의 말에 분희도 그제야 활짝 웃었다. 이번에는 초이가 궁금한 걸 물었다.

"그런데, 아저씨, 사람의 몸이 시계처럼 작동한다는 걸 어떻게 알게 되었어요?"

아저씨가 눈을 가늘게 뜨면서 기억을 더듬었다.

"어느 과학자가 사람들을 상대로 생체 시계에 대한 실험을 했어. 규칙적으로 생활하던 사람들을 캄캄한 지하 창고에서 살게 했단다.

그런데 햇빛이 들지 않아 낮과 밤의 흐름을 모르는데도, 사람들이 약 25시간 간격으로 잠에 들고 깨어났다고 해. 평소의 습관대로 약 하루를 주기로 생활한 거지."

끄덕이는 분희와 달리 초이는 여전히 생각에 잠겨 있었다.

"초이는 아직도 궁금한 게 있나 보구나?"

아저씨가 초이에게 물었다.

"네, 어렴풋이는 알겠는데 확실히는 모르겠어요. 그럼 지금 벚꽃이 빨리 핀 것도 벚나무의 생체 시계 때문이에요?"

"어떻게 알았니?"

"그게 정말이에요?"

아저씨와 분희가 동시에 눈을 동그랗게 떴다. 초이가 조금 당황하며 말을 이었다.

"사람에게 생체 시계가 있다면 식물에게도 생체 시계가 있지 않을까요? 우리 집 앞 화단에 핀 나팔꽃은 새벽녘에 피었다가 해가 뜨면 지거든요. 사람들이 아침에 깨고 밤에 잠드는 것과 비슷해요."

"아, 식물에게도 생체 시계가 있구나. 그래서 **하루를 주기로 꽃이 피었다 지기를 반복하나 봐.**"

분희가 자신 있게 말했다. 아저씨가 이야기를 보탰다.

"잘 이해했구나. 그리고 식물은 1년을 주기로 작동하는 생체 시계도 따르지."

"1년이나요?"

"초이야, 나 알 것 같아. 식물은 1년에 한 번 열매를 맺잖아."

"봄에 새싹이 돋고 여름에 자라고 가을에 열매를 맺는 거?"

아저씨가 초이와 분희를 번갈아 보고 말을 이었다.

"그래. 1년을 주기로 싹이 트고 꽃이 피고 열매를 맺는 과정 모두가 식물의 생체 시계에 의해 이루어진단다. 식물들은 낮의 길이를 인식하고 꽃을 피우거든."

"식물이 낮의 길이를 안다고요?"

"대표적으로 카네이션, 시금치, 클로버 등은 낮의 길이가 12시간보다 길어야 꽃을 피워. 이렇게 12시간 이상 햇빛을 받아야 꽃을 피우는 식물을 장일식물이라고 하지. 국화나 딸기는 낮의 길이가 12시간보다 짧아야 꽃이 핀단다. 낮의 길이가 12시간보다 짧을 때 꽃을 피우는 식물을 단일식물이라고 해."

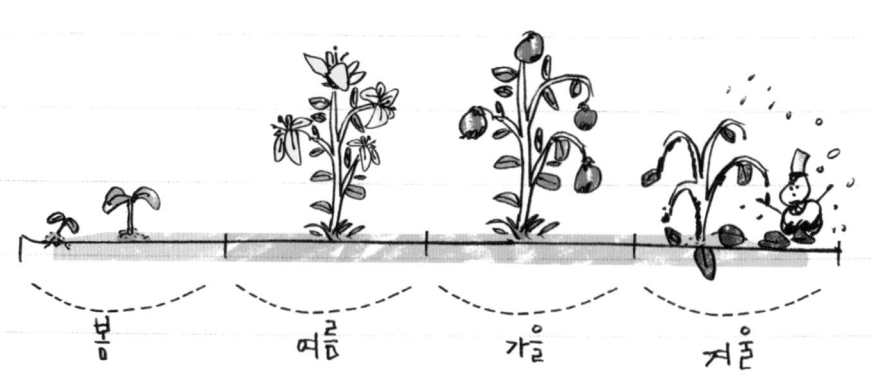

봄   여름   가을   겨울

"그렇구나. 그냥 꽃이 피고 진다고만 생각했는데 식물이 햇빛의 영향을 받다니 신기해요."

"그럼 아저씨, 생체 시계의 주기는 한번 정해지면 바뀌지 않나요?"

"금방 바뀌지는 않지만 새로운 환경에 적응하면 생체 시계의 주기도 바뀐단다. 빛이나 온도를 이용하여 생체 시계의 흐름을 바꿀 수도 있단다. 예를 들어 식물에게 인공적으로 빛을 쪼여서 꽃이 피는 시기를 조절하기도 해."

"햇빛이 내리쬐는 것처럼 만들어서 생체 시계가 착각하도록 하는 거네요!"

초이가 무릎을 치며 말했다.

"정답이다. 지금은 초이 네가 시차 적응을 못해서 낮에 졸리지만, 이곳에서 계속 생활하면 네 생체 시계가 이곳에 적응해서 새로운 주기를 갖게 돼. 완전히 적응하면 낮에 졸리지 않겠지?"

"네, 얼른 적응해야겠어요. 이곳, 이 시간에……."

"자, 오늘은 초이가 많이 피곤할 테니 모두 일찍 잠자리에 들자. 초이는 분희 방에서 지내면 된다. 우리 집에 묵는 동안은 서로 가족처럼 생각하고 지내렴. 분희도 평소 동생이 있으면 좋겠다고 노래를 부르지 않았니?"

"네, 너무 갑작스럽지만……. 알겠어요."

시간의 규칙을 찾아서

분희도 싫지 않은 목소리였다. 초이와 분희는 이불을 펴고 나란히 자리에 누웠다. 옆에 있는 분희는 금방 잠이 들었지만, 초이는 쉽사리 눈을 붙일 수 없었다. 오늘 하루 동안 일어난 일들이 여전히 꿈만 같았다.

'꿈일 수도 있어. 아무 생각 하지 말고 얼른 자야지.'

초이는 엄마의 얼굴과 분희의 얼굴을 번갈아 떠올리다가 잠이 들었다.

과거로 돌아간 초이는 한낮에 깊은 잠에 들었습니다. 평소 낮잠을 자지 않던 초이가 왜 졸음을 참지 못했던 걸까요?

초이의
시간 여행
퀴즈1

 24와 60의 비밀

'꼬끼오.'

초이는 날카로운 닭 울음소리에 눈을 번쩍 떴다. 실제로는 처음 들어 보는 소리였다.

'헉. 엄마의 말이 사실이었어. 아침에 닭 울음소리를 듣고 일어나셨다더니.'

초이는 누운 채로 벽에 걸린 아날로그시계를 올려다 보았다. 짧은바늘은 숫자 7을, 긴 바늘은 숫자 12 근처를 가리키고 있었다. 분희는 벌써 일어나 밖에 나간 모양

이었다. 초이도 자리에서 일어나 찬찬히 분희의 방을 둘러보았다. 나무로 된 투박한 옷장, 바닥에 펼쳐 놓고 쓰는 낮은 책상, 방바닥에 깔린 이불들까지 초이의 방과는 많이 다른 모습이었다. 벽에는 1985년 2월의 날력이 설려 있었다.

"자고 일어나면 집에 돌아와 있을 줄 알았는데……."

초이 눈에 눈물이 핑 돌았다. 초이는 발치에 다가온 왓치를 쓰다 듬었다.

"그래도 너랑 같이 있어서 정말 다행이야."

"냐아옹."

왓치가 놀던 자리에 초이가 들고 온 깨진 모래시계가 놓여 있었다.

"왓치, 이걸 가지고 놀았어? 유리가 깨져서 다칠지도 몰라. 이리 줘."

초이가 분희의 책상 위에 모래시계를 옮겨 놓았다.

"초이 일어났니?"

문 밖에서 아저씨가 초이를 불렀다. 그때 문이 벌컥 열리면서 분희가 들어왔다.

"초이야, 아침 먹자."

분희가 초이의 손을 잡아끌었다. 어제는 투덜거렸지만 분희는 내심 새로운 친구가 생겨서 기뻤다. 초이도 엄마를 닮은 분희가 친절하게 대하자 기분이 좋았다. 분희가 밥상 위의 채소와 계란말이를 가리키며 말했다.

"우리 집에선 닭을 키워. 집 뒤쪽에 마당이랑 텃밭도 있고. 이 채소들은 직접 기른 거야. 계란도 아침에 꼬꼬가 낳은 거고."

"아침에 시끄럽게 울던 닭이 꼬꼬야? 으음, 맛있다!"

초이가 계란말이를 크게 한입 베어 물었다.

"분희야, 초이야, 너희 어쩜 그리 똑같이 흘리면서 먹니?"

아저씨가 분희와 초이가 흘린 밥풀을 떼어 서로의 얼굴에 붙였다. 분희와 초이가 마주 보고 웃음을 터트렸다.

한바탕 시끄럽게 아침을 먹은 후 분희가 방에 들어와 책가방을 챙겠다.

"초이야, 아직 시차 때문에 힘들지? 나 학교 다녀올 동안 좀 더 자 둬. 심심하면 이거, 우리 가족 사진첩인데 구경하든지. 이따 봐."

분희는 초이에게 사진첩을 건네고 서둘러 학교로 향했다.

"초이야, 아저씨도 옆 마을에 시계 고치러 다녀오마."

"네, 안녕히 다녀오세요."

혼자 남은 초이는 분희가 건넨 사진첩에 눈을 돌렸다.

'심심한데 사진이나 구경할까.'

사진첩을 펼치자 분희의 어린 시절 사진, 어릴 때 돌아가신 분희의 엄마 사진, 아저씨의 젊은 시절 사진 여러 장이 꽂혀 있었다. 분희가 유치원 때 찍은 흑백 사진에 초이의 눈길이 멈췄다. 사진 속 분희의 이름표에 '이분희'라는 이름이 선명했다.

"왓치, 이것 좀 봐. 엄마랑 이름만 같은 게 아니라 성도 똑같아!"

초이가 놀라서 소리쳤다.

"이야옹."

왓치노 눈을 깜빡이며 소이늘 올려나봤나.

"아저씨도 외할아버지랑 너무 비슷하고 직업까지 같다니까."

"이야옹."

왓치도 초이와 같은 생각을 하는 것 같았다.

"아니야. 아닐 거야. 그럴 리가 없잖아. 왓치, 말 좀 해 봐."

이상한 점이 한두 가지가 아니었다. 초이는 고개를 흔들며 사진첩을 세게 덮었다. 사진첩 표지에 흐릿하게 '1976~1985'라는 글씨가 적혀 있었다. 믿지 않으려 해도 믿을 수밖에 없었다.

"이건…… 내가 우리 집에서 봤던 사진첩이야……."

초이는 벌떡 일어나 거실로 나가 집을 다시 둘러봤다. 오래된 집이지만 초이가 살던 집과 구조가 비슷했다.

'우리 집은 엄마가 외할아버지랑 살던 집을 현대식으로 개조한 거라고 들었어. 그럼 2층 다락방이 작업실일 텐데.'

초이는 부엌 옆에서 다락방으로 올라가는 문을 찾았다. 문을 열고 안을 들여다보자 초이의 집에 있는 것과 똑같은 나무 계단이 놓여 있었다.

"같은 장소야. 우리 엄마가 살던 집으로 온 게 확실해!"

초이는 멍한 표정으로 중얼거리면서 조심스레 나무 계단을 올라갔다. 계단 끝에 예상대로 아저씨의 작업실이 있었다.

'째깍, 째깍, 째깍, 째깍……'

한쪽 벽면을 가득 채운 여러 개의 벽시계에서 초침 소리가 요란하게 울려 퍼졌다. 시계를 만들다가 나가셨는지 책상 위에 작업 도구들이 어지러이 흩어져 있었다.

"지금은 창고로 쓰지만, 정말 작업실이었구나."

초이는 작업실 바닥에 앉아 한동안 멍하니 시계들을 올려다보았다. 초침 소리를 듣고 있으니 이상하게 마음이 편안해졌다.

언제 따라왔는지 왓치가 초이의 다리에 몸을 비볐다.

"왓치, 내가 여기 있는 걸 어떻게 알았어?"

초이가 왓치의 턱을 간질였다.

"여기는 외할아버지께서 쓰시는 작업실이야. 돌아가신 분을 만나게 될 줄이야! 그리고 엄마가 열 살이라니, 믿기니? 근데 엄마도 밥

풀을 흘리지 뭐야. 하하하."

초이는 엄마도 열 살 땐 자기와 똑같았다는 사실이 재밌어서 바닥
을 데굴데굴 구르며 웃었다.

'쿵!'

초이가 작업실 책상 다리에 머리를 부딪쳤다. 그 순간 탁자 위에
있던 무언가가 초이의 머리 위로 떨어졌다.

시간의 규칙을 찾아서

"으앗! 이게 뭐지?"

초이는 머리를 쓰다듬으며 그 물건을 보았다.

"시계 숫자판이잖아?"

시계 숫자판에는 1과 2만 붙어 있고 나머지 숫자 조각들은 초이 주변에 떨어져 있었다. 숫자 조각 뒷면이 끈적끈적한 걸 보니 붙인 지 얼마 안 된 것 같았다.

"어떻게 하지? 외할아버지, 아니, 아저씨가 만든 시계를 내가 망 가뜨린 것 같아. 아직 접착제가 마르지 않았으니 다시 붙이면 될지 도 몰라."

초이는 중얼거리며 바닥에 흩어진 숫자 조각들을 모으기 시작했다.

"3, 4, 5, 6, 7, 8, 9, 10, 다 모았다! 11하고 12도 있었던 것 같은데……."

여기저기 살펴봤지만 11과 12 숫자 조각은 온데간데없었다.

"어디로 간 거지? 원래 없었나 봐."

"이야옹……."

왓치가 고개를 갸우뚱하며 그르렁댔다. 초이는 숫자 조각을 보면서 말을 이었다.

"10시까지만 있는 시계가 있을 수도 있잖아. 1부터 10까지만 붙이면 그만 아니야?"

초이는 대롱대롱 매달려 있는 숫자 조각 1, 2도 떼었다. 그리고 10까지의 숫자를 동그란 시계 숫자판 가장자리에 빙 둘러 붙였다. 1부터 10까지 일정한 간격으로 붙이자 원래 12가 있던 자리 근처에 10이 놓이게 되었다.

"숫자 사이의 간격이 조금 넓긴 하네. 할 수 없지 뭐."

초이가 머리를 긁적이고 있는데 아래층에서 분희의 목소리가 들렸다.

“초이야, 나 왔어.”

“앗, 엄마다.”

초이는 새로 붙인 시계판을 다시 책상 위에 놓고 서둘러 나무 계단을 내려왔다.

분희는 마당에서 초이를 찾고 있었다. 초이는 아저씨의 작업실에서 있었던 일을 들킬까 봐 먼저 분희에게 말을 걸었다.

“왔어? 엄…… 아니 분희야, 학교에서 재미있었어?”

엄마라는 말이 튀어나올 뻔했지만 그 사실을 말할 수는 없는 노릇이었다. 초이는 당분간 엄마를 동갑내기 친구처럼 대하기로 마음먹었다.

“응, 재미있는 소식이 있어.”

분희는 초이가 물어보길 기다렸다는 듯이 신나게 이야기를 꺼냈다.

“학교에서 다음 주에 불우 이웃 돕기 장터가 열린대. 각자 집에서 안 쓰는 물건을 가지고 와서 사람들에게 팔면 되는 거야. 장터에서 번 돈으로 불우 이웃을 돕는 거래!”

“와! 우리가 직접 팔 수 있다고?”

“그렇다니까. 초이 너도 같이 가자.”

“좋아! 근데 우리는 뭘 내놓지?”

“뒷마당 창고에 탁상시계 여러 개가 있어. 팔리지 않아서 오래전부터 자리만 차지하고 있는 것들이야. 아빠에게 그걸 팔자고 말씀드리자."

초이는 불우 이웃 돕기 장터에서 시계를 팔 생각을 하니 신이 났
다. 숫자 10까지만 붙여 놓은 시계는 잊은 지 오래였다. 그때 아저
씨가 들어왔다.

"아빠!"

분희가 달려가 불우 이웃 돕기 장터에 대한 소식을 전했다.

"참 좋은 생각이구나. 그렇지 않아도 탁상시계들이 자리를 차지
하고 있어서 골치였거든. 지금 창고에 가서 물건을 꺼내자꾸나. 내

일 아침에 학교에 가져다주마."

"좋아요!"

초이와 분희가 자리에서 일어나며 동시에 대답했다.

"창고도 치우고 불우 이웃도 돕고! 이런 걸 일석이조라고 하지."

둘은 신나서 아저씨를 따라 뒷마당 창고로 갔다. 창고 안에는 탁상시계가 들어 있는 손바닥만 한 상자가 가득 쌓여 있었다.

"여기 쌓여 있는 것들을 내다 팔도록 하자. 얘들아, 몇 개인지 세어 볼래?"

분희가 먼저 상자의 개수를 세기 시작했다.

"하나, 둘, 셋, 넷, 다섯, ……, 열, 열하나, 열둘, ……, 서른일곱, 서른여덟, …… 앗, 어디까지 셌더라?"

"에이, 2개씩 묶어서 세어야지. 잘 봐."

초이가 분희를 나무라며 상자로 다가갔다.

"둘, 넷, 여섯, 여덟, 열, …… 스물여섯, 스물여덟, …… 마흔넷, 마흔…… 으앗, 몇이지?"

누 개씩 묶어 셌지만 초이 역시 세던 숫자를 놓치고 말았다.

"하하. 초이의 아이디어가 좋구나. 하지만 시계가 너무 많다 보니 두 개씩 묶어도 정확히 세기 힘들지? 너희, 2를 1배, 2배, 3배 한 2, 4, 6과 같은 숫자를 뭐라고 부르는지 아니?"

아저씨가 물었다.

"2를 1배, 2배, 3배 했다고요? 음……."

초이는 잘 모르겠는지 말꼬리를 흐렸다.

"몇 배 한 수요? 배수라고 해요!"

분희가 자신 있게 대답했다.

"그래, 맞다. **2를 1배, 2배, 3배, …… 한 수를 2의 배수라고 한단다.** 그럼 5, 10, 15, ……와 같이 5를 1배, 2배, 3배, …… 한 수는 뭐라고 할까?"

"5의 배수?"

이번에는 초이가 대답했다.

"그래, 맞아. 2개씩 묶어 세는 건 2의 배수, 3개씩 묶어 세는 건 3의 배수를 활용한 거란다. 너희도 알다시피, **많은 수를 셀 때는 한 개씩 세는 것보다는 묶어서 세는 게 정확하고 빠르거든.**"

"전 2개씩 묶어 셌지만 실패했는걸요."

초이가 아까 일을 떠올리며 말했다.

"너무 조금씩 묶어 세면 묶음의 수가 많아져서 그렇단다. 그러니 **큰 숫자를 셀 때는 적당히 큰 ★ 단위로 묶는 것이 좋겠지?** 옛날 사람들은 손가락 수만큼 5개씩 묶어 세거나, 양쪽 손가락 수를 더해 10개씩 묶어 세었단다."

아저씨가 양손을 활짝 폈다. 분희가 말을 보

시간의 규칙을 찾아서

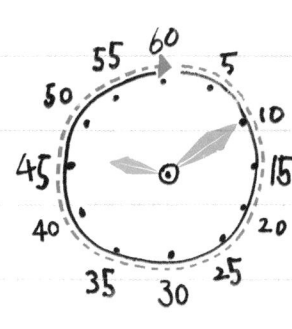

됐다.

"아빠, 시계도 그렇지 않아요? 시계도 한 칸에 5분씩이잖아요."

"그렇구나. 시계도 숫자와 다음 숫자 사이에 5분씩 들어 있네. 그래서 5의 배수를 알면 시계를 읽기 쉽지."

"5의 배수를 알면 쉽다고요?"

초이가 놀라서 되물었다.

"초이는 아직 시계와 친하지 않은 모양이구나. 시계의 분을 읽기가 얼마나 쉬운데. 시계의 숫자와 숫자 사이는 다섯 칸으로 나뉘어 5분이 된단다. 쉽게 말하면 숫자 하나당 5분씩이야. 그러니 각 숫자에 5를 곱하면 분이 되지."

"맞아, 나는 분침이 1을 가리키면 5의 1배라고 생각해. 2를 가리키면 5의 2배인 10분이고. 그리고 3을 가리키면 5의 3배니까 15분. 이렇게 말야."

초이가 무릎을 탁 치며 말했다.

"그래서 분침이 6을 가리키면 5의 6배, 5×6=30, 30분이구나!"

"그래. 쉽지? 자, 이제 다시 상자의 개수를 세어 볼까?"

"네에!"

초이는 이제 분침을 읽을 수 있다는 생각에 매우 기뻤다.

"분희야, 우리 이번엔 10개씩 세어 볼래?"

"응. 그리고 헷갈리지 않도록 10개씩 따로 쌓아 두자."

시간의 규칙을 찾아서

"와, 좋은 생각이야."

초이가 박수를 치며 말했다. 초이와 분희, 아저씨는 작은 시계 상자를 10개씩 모아 마당 한구석에 쌓기 시작했다. 셋이 힘을 합치니 5분도 지나지 않아 창고 안이 깨끗해졌다. 분희가 마당에 쌓은 상자들을 세며 말했다.

"10개씩 묶은 묶음이 모두 10개예요. $10 \times 10 = 100$이니까 총 100개예요."

분희가 말했다.

"그리고 100은 10의 배수이고요."

초이도 한마디 거들었다.

"아저씨, 그런데요, 5개씩, 10개씩 묶는 것 말고 다른 방법은 없어요?"

초이가 시계 상자 더미를 큰 상자에 옮겨 담으면서 아저씨에게 물었다.

"있고말고. 특정 물건을 특정 개수만큼 묶어 세는 경우도 꽤 많아. 그럴 경우에 그 묶음이 단위도 쓰이기노 한단다. 연필을 12개씩 묶어서 1다스를 만들거나, 달걀 30개를 묶어서 1판으로 만드는 것처럼 말이야. 마늘 한 접은 100개를 말하고, 바늘 한 쌈은 24개란다. 예전부터 묶어 세던 개수가 단위가 된 것이지."

분희가 무언가가 생각난 듯 손가락을 튕겼다.

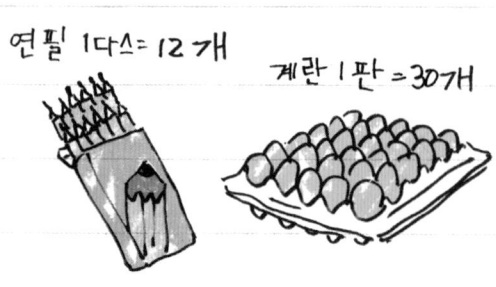  

"물건 말고 시간도 묶어 셀 수 있어요!"

"시간을 묶어 세다니?"

"그게 무슨 말이냐, 분희야?"

두 사람의 시선이 모이자 분희가 씨익 웃었다.

"아이참. 7일을 묶어서 1주일이라고 하잖아. 1주일이 곧 7일을 뜻하고."

"아하, 맞아. 12달을 1년이라고 해."

초이가 맞장구쳤다.

"하하, 그렇구나. 그렇게 따지면 하루의 시간도 묶을 수 있어. 60초는 1분이고, 60분은 1시간이고, 또 오전 12시간과 오후 12시간을 합친 24시간은 하루로 묶이잖니."

그 순간 초이의 머리에 작업실에서 만졌던 시계가 떠올랐다. 아저

시간의 규칙을 찾아서

씨의 이야기대로라면 무언가 잘못 만진 것이 틀림없었다.

"저…… 아저씨, 여쭤 볼 게 있어요. 오전 12시간, 오후 12시간이면 모든 시계는 숫자가 1에서 12까지 있는 건가요? 10까지만 있고 11, 12가 없는 시계는 잘못된 거예요?

아저씨는 고개를 갸웃하며 대답했다.

"음…… 하루의 반이 10으로 나눠진 시계라? 잘못됐다고는 할 수 없을 것 같구나. 예전에 프랑스에서 11과 12가 없는 시계가 잠깐 등장했다고 해. 하루를 20시간으로 바꾸려는 사람들이 있었거든. 하지만 오래전부터 하루를 24시간으로 나누어 생각했기 때문에 그 방식이 쉽게 바뀌지 않았지."

11과 12가 없는 시계 이야기에 초이의 얼굴이 다시 어두워졌다. 얼른 작업실에 들어가 잃어버린 11과 12를 찾아 붙여야 했다.

"초이야, 왜 그래? 표정이 안 좋은데."

"괜찮아. 갑자기 궁금한 게 생겨서. 아저씨, 그런데 왜 하필 낮과 밤을 12개로 나눈 거예요? 다른 숫자도 많잖아요."

"맞아요! 10개로 나눠도 되었을 텐데……."

분희도 맞장구쳤다.

"원래 하루가 24시간이라서가 아닐까? 24의 절반이 12잖아."

"아빠, 옛날 사람들은 엄청 머리가 좋았나 봐요. 하루가 24시간인 걸 알았으니까요."

"하하. 분희야, 하루가 24시간인 것을 알았다기보다는 하루를 24시간으로 나누기 시작했다고 말하는 편이 옳을 것 같구나. 기원전 3000년쯤 이집트 인들이 하루를 24시간으로 나누어 쓰기 시작했는데 그게 ⭐ 수메르 인들의 영향을 받은 것이라지."

⭐ **수메르**
고대 메소포타미아의 가장 남쪽 지방으로 지금의 서남아시아 지방. 세계에서 가장 오래된 문명의 발상지다.

"에취!"

그때 초이가 크게 재채기를 했다. 아저씨가 겉옷을 고쳐 입으면서 말했다.

"애들아, 우리 이것부터 다 옮겨 놓고 들어가서 이야기하자꾸나. 아직 초봄이라 해질 무렵에는 쌀쌀해."

"네."

아저씨를 도와 짐을 옮기는 사이에도 초이의 호기심은 꺼지지 않았다.

"그런데 분희야, 수메르 인은 왜 시간을 나누기 시작했을까?"

"음…… 그건."

분희가 대답하지 못하자 아저씨가 거들었다.

"조금 힌트를 주마. 수메르 인들은 한자리에 정착해서 농사를 짓고 살았어. 너희들은 농촌에서 지내 보지 않아 모르겠지만 농사를 지을 때는 계절의 변화를 읽는 것이 매우 중요하단다. 아마 당시 사람들은 농사를 잘 짓기 위해서 해마다 되풀이되는 계절의 흐름을 연구했

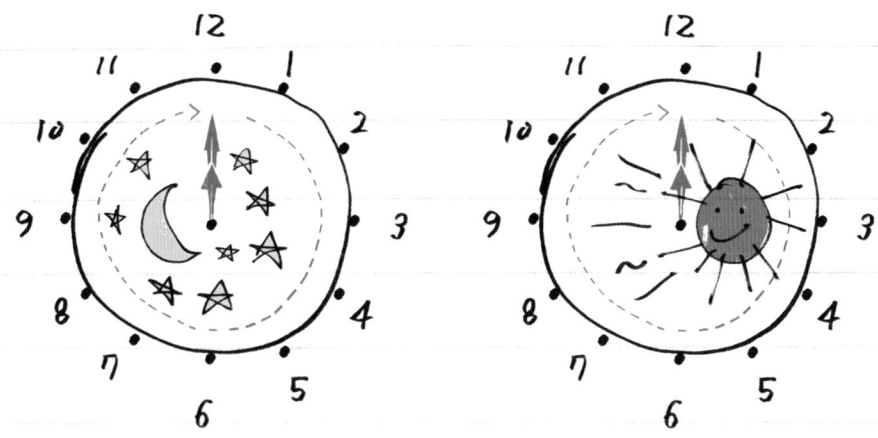

을 거야."

"아, 알겠어요. 날마다 계절의 변화를 살피다 보니……."

"자연스럽게 시간의 흐름에도 관심이 생겼겠네요."

분희가 시작한 말을 초이가 맺었다.

"그렇지. **수메르 인은 계절은 물론이고 매일 낮과 밤이 규칙적으로 바뀐다는 사실도 알았단다. 그래서 생활하기 편하도록 낮과 밤 시간을 적당한 간격으로 나눈 것이지.** 그들이 밤 시간을 12개, 낮 시간을 12개로 나누어 하루를 24시간으로 사용하던 것이 지금까지 이어져 오고 있는 것이란다."

아저씨가 말을 이었다.

"옛날에는 시간을 일정한 간격으로 나누지 않았다고 하더구나. 시간의 단위라는 개념도 확실치 않았을 거야. 아마 처음에는 해가 뜨고 지는 간격이 일정하다는 정도만 알았을 거다. 그러다 사회가 발달하면서 하루라는 시간을 일정한 간격으로 정확하게 나누고 숫자를 매겨 구분하게 됐단다."

"왜 굳이 시간이라는 걸 재고, 힘들게 시곗바늘을 읽어야 하는 건지 모르겠어요."

초이가 조그맣게 중얼거렸다. 옆에서 그 소리를 들은 분희가 웃으면서 말했다.

"만약 시간을 정하지 않으면 얼마나 불편하겠어? 약속 시간이 정확하지 않으니까 친구를 하루 종일 기다려야 될지도 몰라."

"그래. 시간이 재각각이면 정말 불편할 거야. 자, 이제 시계를 큰 상자에 다 담았으니 들어가서 이야기하자꾸나. 초이가 아까부터 안색이 안 좋은 게 감기 기운이 있는 것 같아."

아저씨는 부엌으로 들어가서 초콜릿 쿠키가 담긴 쟁반을 들고 나왔다.

"상자 나르느라 힘들었지? 간식 먹자."

"와! 감사합니다."

초이와 분희는 눈이 동그래져서 초콜릿 쿠키를 집어 먹었다. 일하고 난 뒤라 더 맛있었다.

"그래, 이걸로 설명해 주면 되겠구나!"

"네에?"

초이와 분희는 입안에 쿠키를 가득 넣고 아저씨를 바라봤다. 아저씨는 쟁반에 남은 12개의 쿠키 중 2개를 집어서 주먹 안에 감췄다.

"애들아, 잠깐 멈춰 봐. 지금 쿠키가 10개 남아 있는데 이걸 우리 셋이 똑같이 나눠 먹으려면 어떻게 해야 할까?"

"에이, 갑자기 웬 수학 문제예요?"

"어렵게 생각하지 말고 한번 말해 보렴."

아저씨가 빙긋이 웃으면서 다시 물었다. 초이가 입을 삐죽이며 대답했다.

"10÷3을 하면 몫이 3이고 나머지가 1이니, 각자 3개씩 먹으면 돼요. 남은 1개는, 음…… 어떻게 하지? 그냥 가위바위보 해서 이긴 사람이 먹기로 해요."

"하지만 그건 똑같이 나눠 먹는 것이 아니잖아. 공평하지 않아."

분희가 볼을 부풀리며 말했다.

"가위바위보가 얼마나 공평한데."

"마지막 1개도 세 조각으로 쪼개서 나눠 먹어야지."

"자자, 이러다 싸우겠다. 그럼 여기 쿠키 2개를 더할게. 이제 12개야. 12개를 셋이서 똑같이 나누려면 어떻게 하지?"

아저씨의 말이 떨어지자마자 초이가 대답했다.

"12÷3=4로 나누어떨어지니까 한 사람이 4개씩 먹으면 돼요. 이건 공평하지?"

초이가 분희에게 물었다.

"그래."

분희도 바로 끄덕였다.

"하하. 얘들아, 아까 수메르 인이 왜 낮과 밤을 12개로 나누었는지 물었지? 지금 너희들이 그 답을 알아낸 거야. 수메르 인들도 10개보다 12개로 묶어 세는 것을 좋아했을 거야."

"네?"

"12로 묶어 세는 것을 좋아했다고요?"

초이와 분희가 동시에 물었다.

"그래. 10개는 나누기 어려웠지만 12개는 쉽게 나눴잖니."

"야아옹."

그때 마당을 맴돌던 왓치가 쟁반 위의 초콜릿 쿠키에 다가왔다.

"왓치, 너도 먹고 싶니? 너까지 끼면 넷으로 나눠야 하는데……."

초이의 말에 분희가 외쳤다.

"앗! 12개는 4로 나누기도 편한걸. 12÷4=3이니까 3개씩 먹을 수 있어."

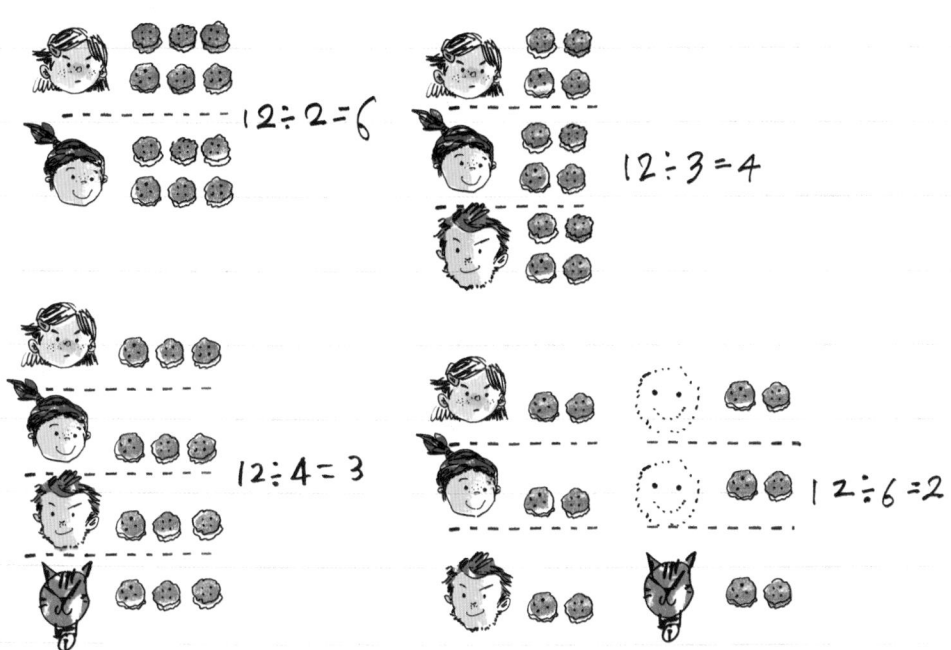

"6명이면 어떻겠니?"

아저씨가 분희에게 다시 물었다.

"12개를 6으로 나누면 6명이 각각 2개씩 먹을 수 있어요!"

"그래. 어떤 수를 나누어떨어지게 하는 수를 그 수의 약수라고 한단다. 12는 1, 2, 3, 4, 6, 12로 나누어떨어져. 10은 1, 2, 5, 10으로 나누어떨어지지. 12는 약수가 6개고 10은 약수가 4개지? 그래서 10개보다 12개일 때 여러 명이 나누어 가지기 쉬운 거란다."

초이와 분희가 쿠키 12개를 이리저리 옮겨 보며 고개를 끄덕였다. 아저씨가 다시 덧붙였다.

"아마도 낮과 밤도 같은 이유로 12로 나누게 되었을 거야. 물건을

12로 묶어 세는 수메르 인의 풍습이 시간을 헤아리는 데에도 쓰인 셈이지. 하지만 먼 과거에는 지금처럼 하루를 일정한 간격으로 24등분 하지는 않았다고 하는구나. 그 당시에는 밤하늘의 별 12개를 정해 놓고 별 1개가 질 때마다 1시간이 지난 것으로 생각했다고 해. 요즘처럼 24시간으로 정확히 나누기 시작한 건 기계식 시계가 등장하면서부터란다."

"그럼 낮에는요?"

"막대를 세우고 막대의 그림자가 지나가는 길을 12개로 나누었다고 하지."

"그러기 위해서는 계속 별을 보고 있거나 그림자를 보고 있어야 했겠네요."

"그렇게 힘들게 시간의 규칙을 찾아낸 거예요?"

초이와 분희가 동시에 외치고 서로를 바라봤다.

"그렇지. 그런 노력 덕분에 시간의 개념을 이해하고 시간을 잴 수 있게 된 거 아닐까?"

초이는 시간의 흐름을 읽어낸 과거 사람들의 노력에 놀라지 않을 수 없었다.

"얘들아, 수메르 인들이 좋아했던 숫자가 또 있단다. 몇인 줄 아니?"

"글쎄요?"

초이와 분희가 고개를 갸우뚱했다.

"바로 60이란다."

"60도 약수가 많은가요?"

분희의 질문이 끝나기도 전에 초이가 대답했다.

"가만 있어 봐, 내가 찾아볼게. 60을 나누어떨어지게 하는 숫자! 1은 무조건 들어가고, 짝수니까 2로 나누어떨어지고, 3으로도 나누어떨어지고, 4는 되나 안 되나? 음…… 아저씨, 약수를 어떻게 구해야 할지 모르겠어요."

"후훗. 내가 더 잘할 수 있거든. 나누어떨어지게 하는 숫자뿐 아니라 몫도 약수가 된다는 사실을 알아야지! 곱셈으로 찾아야겠다."

분희는 방으로 쪼르르 달려가서 공책과 연필을 가져왔다. 그리고 곱해서 60이 되는 식을 모두 써 내려갔다. 1분도 지나지 않아 분희가 고개를 들었다.

"다 했다. 60의 약수는 1, 2, 3, 4, 5, 6, 10, 12, 15, 20, 30, 60."

초이는 분희가 종이에 써 놓은 60의 배수를 보고 박수를 쳤다.

"분희, 대단하다! 약수가 무

려 12개야!"

"1부터 6까지가 모두 60의 약수
라니 신기해."

"게다가 5의 배수인 5, 10, 15,
20도 포함되어 있어. 60개로 세
어 두면 여러 경우에 물건을 나누
기가 무척 편리했겠는걸."

"그래. 60개씩 묶어 세던 것을 분
과 초에 적용하여 1분은 60초, 1시
간은 60분으로 나눠 재게 된 것이
란다."

$$5분 \times 12 = 60분$$
$$10분 \times 6 = 60분$$
$$15분 \times 4 = 60분$$
$$20분 \times 3 = 60분$$
$$30분 \times 2 = 60분$$

아저씨가 둘의 대화를 거들었다.

"이제 하루가 24시간이 된 이유,
1시간이 60분이고 1분이 60초인 이유를 알겠어요."

분희가 활짝 웃으며 말했다.

"다들 고생했으니 잠시 쉬렴. 나는 올라가서 아까 붙여 놓은 시계
숫자 조각들이 잘 말랐는지 봐야겠다."

초이는 작업실에 올라간다는 아저씨의 말에 깜짝 놀랐다.

'어쩌지? 아저씨가 보시고 화내실 게 분명해. 이렇게 된 거 솔직
하게 말씀드리는 게 낫겠어.'

초이는 용기를 내기로 했다.

"저…… 드릴 말씀이 있어요."

"초이, 또 궁금한 게 있니?"

"실은 아까 혼자 있을 때 아저씨의 작업실에 들어갔어요. 거기서 왓치와 놀다가 아저씨가 작업하시던 시계를 떨어뜨렸지 뭐예요. 11과 12가 사라진 것도 모르고 1부터 10까지만 붙여 놓고 내려왔어요. 시계에 숫자가 꼭 12까지 있어야 되는지 아까는 몰랐거든요."

아저씨는 초이와 분희를 번갈아 보고 잠시 생각에 잠겼다가 초이의 등을 토닥여 주었다.

"그래서 아까 시계 숫자 이야기가 나왔을 때 그렇게 시무룩했구

시간의 규칙을 찾아서

나.”

“네. 죄송해요.”

“괜찮아. 말해 줬으니 됐다. 시계는 다시 만들면 되지. 우리 함께 올라가서 12까지 숫자 조각을 붙이자꾸나.”

“정말요? 감사합니다.”

아저씨의 말에 초이의 얼굴이 환해졌다. 비록 과거로 왔지만, 초이에게는 엄마와 외할아버지가 함께 있는 이 순간이 소중하게 느껴졌다.

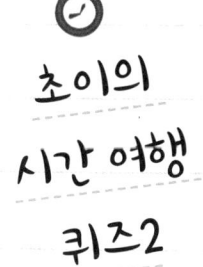

초이의
시간 여행
퀴즈2

왜 하루의 반을 10시간이 아닌
12시간으로 나누게 되었을까요?
1시간은 왜 60분으로 나눌까요?

거꾸로 도는 해시계

"왓치, 분희는 언제 오는 걸까? 분희가 없으니까 심심하다."

분희가 학교에 간 지 한 시간밖에 지나지 않았지만 초이는 벌써 분희가 보고 싶었다. 마루에 앉아 혼자 공깃돌을 만지작거리자니 너무 지루했다. 왓치도 지루한지 마당을 어슬렁거리다가 나무 그림자 속으로 쏙 들어가 앉았다.

"너 햇빛이 안 드는 그림자에 숨어서 낮잠 자려고 그러는구나? 나랑 놀자, 왓치. 응?"

왓치는 초이의 말에 아랑곳하지 않고 그늘 한복판에 자리를 잡고 앉았다.

"쳇. 그래, 쿨쿨 자렴. 나 혼자 놀지 뭐."

초이는 또다시 공깃돌을 던지며 심심함을 달랬다. 아직 쌀쌀해서 햇볕이 잘 드는 따뜻한 구석에 자리를 잡았다. 혼자 하는 놀이라 재미는 없었지만 이런저런 생각을 하기에는 안성맞춤이었다.

'왜 과거에 오게 된 거지? 나는 평생 여기서 살아야 하는 걸까? 그건 말도 안 돼⋯⋯.'

'꼬르륵.'

꼬르륵 소리에 정신을 차려 보니 어느새 해가 높이 떠 있었다. 생각에 빠진 사이에 정오가 된 모양이었다. 초이는 손목에 차고 있던 디지털시계를 보았다. 하지만 액정에 아무 숫자도 뜨지 않았다.

'건전지가 다 닳았나 보다. 벽시계는 시곗바늘 때문에 아직 헷갈리는데, 지금 대체 몇 시지?'

나무 아래 앉아 졸고 있는 왓치를 언뜻 보니 한쪽 귀가 그늘 바깥으로 삐져나와 있었다.

"에고, 그늘로 쏙 들어가지. 왓치 너 이따가 깨면 눈부시겠는걸. 음…… 나는 뭘 좀 먹어야겠다."

초이는 먹을 걸 찾으러 부엌으로 갔다. 부엌 한쪽에 아저씨가 준비해 둔 점심 밥상이 놓여 있었다. 초이는 밥 한 그릇을 맛있게 비우고 빈 그릇을 깨끗이 씻었다. 혼자 먹은 밥상을 치웠을 뿐인데 땀이 흘렀다.

'집에서 엄마는 매일 이렇게 땀이 났겠구나. 힘든 일인 줄 알았으면 도와드리는 건데…….'

다시 마루에 나가자 집 앞의 작은 꽃나무들이 눈에 들어왔다. 햇살을 받아 잎사귀들이 반짝거렸다.

"오전에는 햇볕이 따뜻했는데 오후가 되니까 따갑게 느껴지네."

초이는 아까 앉았던 자리 대신 그늘진 곳으로 자리를 옮겼다.

"이제 그늘에 앉아서 놀아야지."

"이야옹."

초이의 목소리에 깼는지 왓치가 일어났다. 초이 역시 소리를 듣고

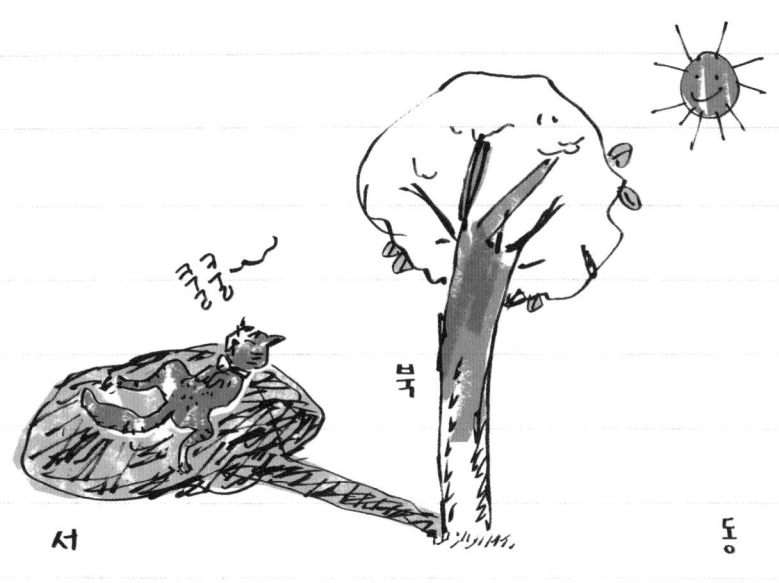

3. 거꾸로 도는 해시계

왓치 쪽을 바라보았다. 왓치는 해를 올려다보며 이마를 잔뜩 찌푸리고 있었다. 초이는 그 모습에 웃음이 터졌다.

"푸하하. 눈부셔? 너 아까 그늘에 들어갔었는데……."

초이는 말을 멈추고 왓치가 앉아 있던 자리를 다시 돌아봤다. 그러고 보니 나무 그림자 위치가 아까와는 사뭇 달라져 있었다.

"아, 나무 그림자가 움직였구나!"

초이는 눈이 동그래져서 왓치를 붙잡고 중얼거렸다.

"너도 봤지? 오전에서 오후로 시간이 지날수록 그림자가 서쪽에서 동쪽 방향으로 움직이고 있어."

"맞아. 나도 예전에 관찰한 적이 있어."

분희의 목소리가 초이를 거들었다.

"어? 분희야, 왔어? 나 오늘 하루 종일 너무 심심했다. 공기놀이하는 것도, 왓치랑 얘기하는 것도 하루 종일 하려니까 지겹더라고. 건전지가 떨어져서 시간도 모르겠고."

초이가 하고 싶던 말을 한 번에 쏟아 냈다. 분희도 반가운 표정으로 대답했다.

"나도 같이 놀려고 학교 끝나자마자 오는 길이야. 근데 저기 벽시계 있는 거 몰랐구나?"

분희의 질문에 초이는 조금 망설이다가 작게 대답했다.

"으음…… 아니. 사실은 내가 바늘이 돌아가는 시계를 잘 못 보거든."

"뭐? 아날로그시계를 못 읽는다고?"

"정확히 말하면 시계를 못 읽는 것은 아니지. 숫자가 나오는 디지털시계는 읽을 수 있어. 바늘이 돌아가는 시계를 못 읽는 것뿐이야."

그때 아저씨가 대문을 밀며 들어왔다.

"아저씨, 다녀오셨어요."

"아빠, 초이가 시계 보는 법을 모른대요."

초이는 창피한 마음에 눈을 내리깔고 있었다.

아날로그시계를
못 읽는다고?

"그럴 수도 있지. 분희 너도 올해 초에 배웠으면서 뭘. 초이야, 아저씨가 가르쳐 주마. 아주 쉽단다."

"정말요? 감사합니다!"

초이는 꾸벅 인사를 했다. 시계를 직접 만드는 아저씨라면 쉽게 설명해 줄 것 같았다.

"분희야, 네 방에 있는 시계 좀 가져오렴."

아저씨는 분희가 가져온 시계의 시곗바늘 세 개를 차례로 가리키며 말했다.

"아날로그시계에는 보통 바늘이 세 개 있단다. 짧은 바늘이 시간을 나타내는 시침, 긴 바늘이 분을 나타내는 분침, 가느다랗고 가장 긴 게 초를 나타내는 초침이야. 초침이 없이 시침과 분침만 있는 시계도 있고."

"저도 시곗바늘은 구별할 줄 아는데요, 읽는 게 어려워요."

초이가 시계를 흘겨보며 작게 말했다.

"시간은 시침이 가리키는 숫자를 그대로 읽어 주면 돼. 시곗바늘이 1부터 2 사이에 있으면 1시, 2부터 3 사이에 있으면 2시란다."

"분과 초는 배수만 알면 읽기 쉬워. 기억 안 나?"

분희의 말에 초이의 표정이 밝아졌다.

"아, 생각났어! 곱하기 5! 숫자 1을 가리키면 5분, 2를 가리키면 10분, 3을 가리키면 15분이 되는 거였지?"

"맞아."

"그런데 분침이 숫자와 숫자 사이에 있으면 어떻게 읽어?"

"숫자와 숫자 사이를 자세히 보면 눈금이 그려져 있어."

분희가 시계판 가장자리의 눈금들을 가리키며 말했다.

"정말 있네."

"분침이 한 칸 움직이면 1분이 지난 거야. 초침이 한 칸 움직이면 1초가 지난 거고."

"시계에는 이 작은 칸이 모두 60개 있단다."

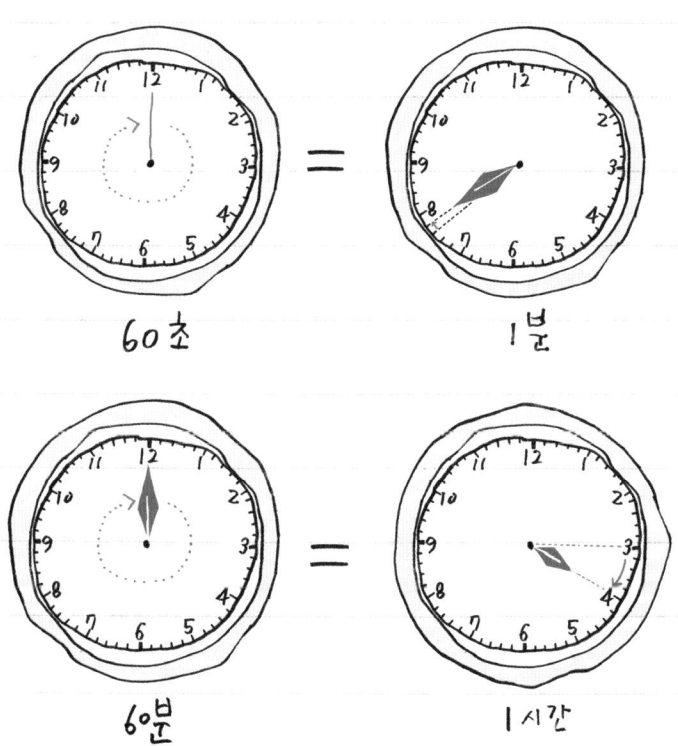

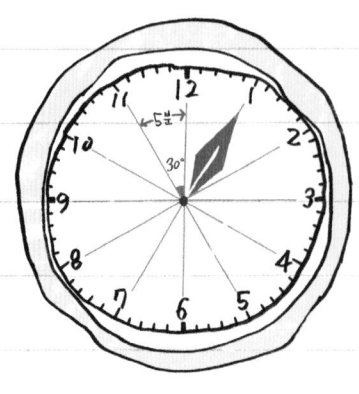

$$5분 : 30°$$
$$10분 : 60°$$
$$15분 : 90°$$
$$30분 : 180°$$
$$60분 : 360°$$

아저씨가 설명을 보탰다.

"이제 알 것 같아요! 초침이 한 바퀴 돌아서 60초가 지나면 1분이죠. 분침이 한 바퀴 돌아서 60분이 지나면 1시간이고요!"

초이가 자기도 모르게 크게 소리쳤다.

"그래. 그리고 시침이 한 바퀴 돌면 12시간이 흐른 거야."

"시침이 두 바퀴 돌면 24시간, 즉 하루가 돼요."

분희와 초이가 거의 동시에 말했다.

"이제 완전히 알았구나. 가끔 눈금이나 숫자판이 없는 시계도 있는데, 그럴 때는 바늘이 이루는 각도로 가늠하면 된단다. 한 바퀴가 360도이니까 반 바퀴는 180도, $\frac{1}{4}$ 바퀴는 90도야. 12시간의 $\frac{1}{4}$인 3시간은 90도인 셈이지. 즉 시침이 30도만큼 움직이면 1시간이 지난 거란다."

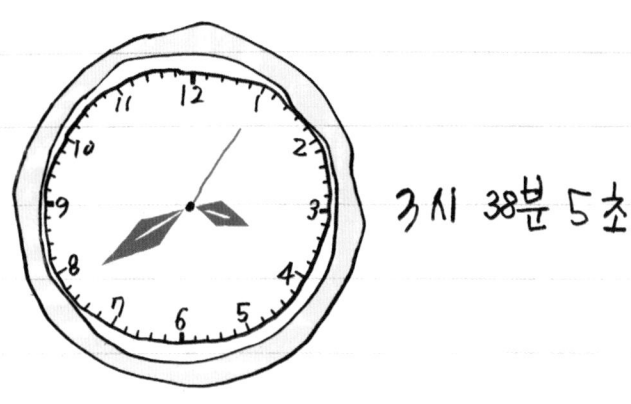

3시 38분 5초

초이는 고개를 크게 끄덕이면서 시계를 노려봤다.

"그럼 지금은 짧은 바늘이 3과 4 사이에 있으니까 3시, 긴 바늘이 7에서 작은 눈금 3칸을 더 갔으니까 38분, 3시 38분이에요. 초침은 5초를 지났고요."

"응. 40분이 되기 2분 전이니까 38분 맞아."

"처음부터 이렇게 잘 가르쳐 주지……."

"뭐라고, 초이야?"

초이가 중얼거리자 분희가 나가오며 물었다.

"하하. 예전에, 아니 미래에…… 있던 일이 생각나서."

"엉뚱하긴. 미래를 꼭 과거처럼 말하네."

초이는 분희의 모습과 엄마가 겹쳐져서 기분이 묘했다. 시계 읽는 법을 익힌 것이 밀린 숙제를 한 것처럼 개운했다. 그때 또 다른 호기심이 생겼다.

"옛날에는 시계 없이 어떻게 살았을까? 시간을 어떻게 측정했지?"

"옛날 사람들은 자연을 이용해서 시간을 측정했단다. 그 대표적인 예가 태양이야."

마루에 걸터앉은 아저씨가 지는 해를 바라보며 말했다.

"아저씨, 그게 해시계예요?"

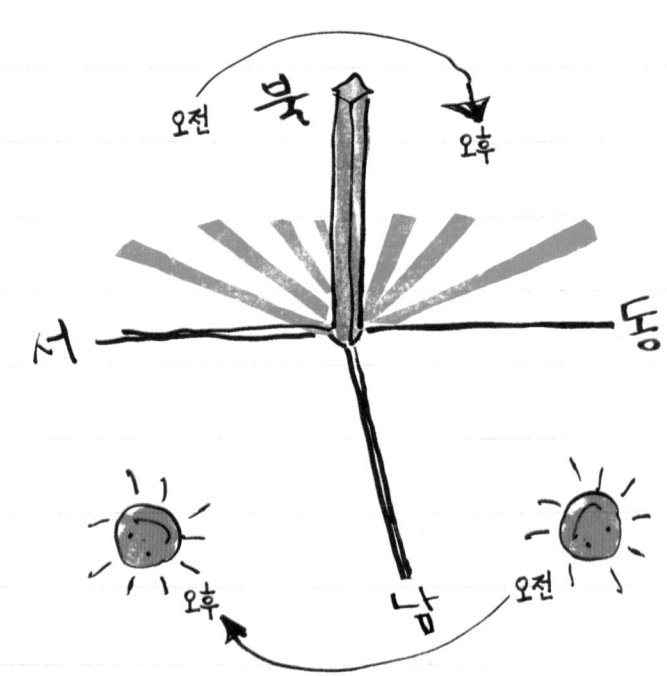

북반구에서 해와 그림자의 이동 방향

"그래. 계속 태양을 바라봐야 하는 건 아니야. **해가 물체를 비출 때 드리워지는 그림자의 움직임을 읽는 거지.**"

초이는 아까 있던 일이 떠올라 말했다.

"오늘 제가 하루 종일 마루에서 봤는데, 마당에 있는 나무의 그림자가 조금씩 움직이더라고요."

"**해가 동쪽에 떠서 남쪽으로 돌아 서쪽으로 지기 때문이야.**"

"그림자는 태양의 반대편에 생기니까, 그림자가 태양과 반대 방향으로 움직이는 거였구나."

초이가 머릿속에 태양의 움직임을 그리면서 말했다.

"그래서 그림자는 서쪽에서 동쪽으로 움직이게 돼. 그리고 정오에 가까워질수록 그림자 길이가 짧아지고, 정오가 지나면 다시 길어져."

"그 이유를 알 것 같아요. 정오에 태양이 가장 높이 뜨기 때문에 그림자가 작아지는 거죠?"

"**낮나. 태양의 ⊛ 고도가 높을수록 그림자의 길이는 짧아져. 그래서 그림자의 길이는 낮 12시가 될수록 짧아졌다가 오후가 되면 점점 길어지지.**"

"초이, 너 제법인데."

> **⊛ 고도**
> 지평선을 기준으로 천체의 높이를 측정하여 각도로 나타낸 것. 한낮에 태양의 고도가 가장 높다.

분희가 놀란 눈으로 초이를 바라봤다.

"흐흐. 시계 말고 다른 건 꽤 안다고."

그때 분희가 마당에 있는 나무 막대를 주워 들었다.

"초이야, 나 재미있는 생각이 났어! 가만히 서 있어 봐. 아빠, 동쪽이 어디예요?"

"해가 뜨는 쪽, 저쪽이다. 그런데 그건 왜?"

"막대 대신 초이를 세우려고요."

분희는 초이를 가운데 두고 바닥에 동서남북 방향을 십자로 표시했다. 그러고는 초이에게서 열 걸음 떨어져서 초이를 중심으로 반원을 그리기 시작했다.

"왜 갑자기 바닥에 원을 그리는 거야?"

"앗, 그대로 있어!"

초이가 궁금해서 분희에게 다가가자 분희가 소리쳤다. 초이는 영문을 모르고 분희가 시키는 대로 그 자리에 서 있었다. 분희가 반원의 ★ 호에 일정한 간격으로 눈금을 그려 12칸을 만들었다.

★호
부채꼴의 곡선 부분

"아하! 분희 너, 해시계를 만들 생각이구나."

눈금을 그리는 모습을 보고 아저씨가 소리쳤다.

"네, 아빠. 이제야 아신 거예요?"

분희가 눈을 찡긋했다.

"초이야, 네 키가 작아서 그림자가 너무 짧아. 그 자리에서 팔을 위로 높이 들어 봐."

"아, 내가 막대 대신이었어?"

그제야 초이도 분희의 생각을 알아챘다. 초이가 똑바로 서서 팔을 위로 뻗었다. 해 질 녘이라 그림자가 동쪽으로 길게 늘어졌다.

"여기 봐. 정확하진 않지만 네 그림자가 4시쯤을 가리키고 있어."

초이는 팔을 올린 채 분희가 가리키는 그림자 끝에 시선을 돌렸

다. 정말 초이의 그림자 끝이 4시를 나타내는 눈금 가까이 걸려 있었다. 마치 시곗바늘이 시계의 숫자를 가리키는 것 같았다.

"이게 해시계구나. 하루 종일 움직이는 그림자를 보면 시간을 알 수 있겠네."

초이가 중얼거렸다.

"하하. 나보다 너희들이 해시계의 원리를 더 잘 이해했는걸."

"직접 해 보니까 쉬워요. 근데 나 언제까지 팔을 들고 있어야 돼?"

"아 참, 미안. 깜빡했다. 시계만 생각하다가."

세 사람은 마주 보고 한바탕 크게 웃었다. 그때 대문을 밀고 남자 아이가 들어왔다.

"재각아!"

"아저씨, 안녕하세요. 분희야, 안녕. 그동안 잘 있었어?"

"응, 잘 있었어. 언제 왔니?"

"어젯밤에 비행기로 왔어. 점심때까지 잠들었다가 눈 뜨자마자 너희 집으로 왔어."

재각이가 수줍게 웃으며 대답했다. 분희도 그런 재각이를 보고 환하게 웃었다.

"네가 미국에 간 지 벌써…… 1년이나 지났네. 거기서 어떻게 지냈어?"

"처음에는 다른 환경에 적응하느라 고생했는데, 나중에는 친구도

시간의 규칙을 찾아서

재각이

많이 사귀고 즐거웠어."

"그래, 재각아, 아저씨도 반갑구나. 거기 서 있지 말고 들어오렴."

아저씨의 말이 떨어지기 무섭게 재각이가 문희에게 다가와 손에
든 걸 내밀었다. 작은 상자였다. 분희가 상자를 보고 물었다.

"그거 선물이야?"

"응. 너 주려고 가져왔어."

"그래? 뭔데?"

"풀어 봐."

상자 안에는 작은 아날로그 손목시계가 들어 있었다.

"손목시계? 와, 예쁘다. 고마워. 아꼈다가 찰게."

"네가 마음에 들어 하는 걸 보니 좋다. 그런데 이 아이는 누구야?"

재각이가 초이를 가리키며 물었다. 초이가 놀라서 뒤로 한 발짝 물러났다.

"당분간 우리 집에서 머무르는 친구야. 서로 인사해. 얘는 나의 베스트프렌드, 재각이야. 오재각."

시간의 규칙을 찾아서

"오재각이라고? 정말이야? 하하. 이름까지……."

초이는 자기도 모르게 웃음이 났다. 얼굴이 많이 낯익다 했는데, 이름까지 아빠와 똑같다는 사실이 믿기지 않았다. 어린 시절의 아빠까지 만나게 될 줄은 꿈에도 몰랐다.

"그래, 오재각이라고 해. 내 이름이 웃긴가? 네 이름은 뭔데?"

재각이가 입이 잔뜩 나와 초이에게 물었다. 그 모습이 화난 아빠의 모습과 그대로 겹쳐졌다. 초이는 긴장한 표정으로 재각이를 바라봤다.

'과거에서도 아빠를 만나다니. 잠시마나 아빠의 잔소리를 피할 수 있었는데…….'

"난 오초이야."

"오초이라고? 야, 네 이름도 재밌는데."

"뭐라고? 내 이름이 어때서?"

"얘들아, 그만해. 만나자마자 싸우는 거야?"

초이와 재각이가 서로 노려보고 있자 분희가 나섰다.

"그러지 말고 우리 공기놀이 하자. 여기 공깃돌도 있네."

분희의 한마디에 재각이의 표정이 금세 풀어졌다.

"그래. 오랜만에 만났는데 공기 실력 좀 점검해 볼까?"

"오, 자신 있어?"

"공기 하면 오재각이지."

재각이는 언제 그랬냐는 듯이 활짝 웃으면서 대답했다. 그리고 초이를 흘끗 보고 물었다.

"너도…… 할래?"

아무래도 초이에게 화를 낸 게 미안한 모양이었다. 초이 역시 미안한 마음에 고개를 끄덕였다.

"그래, 셋이서 놀자. 제대로 한번 겨뤄 볼까."

초이와 분희, 재각이는 거실 바닥에 앉아 공기놀이를 시작했다. 큰소리를 쳤던 재각이가 셋 중 가장 앞섰다. 얼마 지나지 않아 재각이가 입이 찢어져라 하품을 했다.

"아함……. 그런데 왜 이렇게 피곤한지 모르겠어."

하품하는 재각이를 보고 초이가 말을 붙였다.

"아빠, 아니, 재각아. 나도 며칠 전에 그랬어. 시차 때문에."

"너도 그랬다고? 시차가 왜?"

"미국과 한국은 시간 차이가 나는데, 그곳에서의 시간에 익숙해진 몸이 아직 이곳의 시간에 적응하지 못한 거야."

"아, 그렇구나. 너도 외국에서 왔어?"

"아, 그게……."

"응. 초이는 엄마를 찾으려고 미국에서 왔어."

초이가 머뭇거리자 분희가 대신 대답했다.

"재각아, 오랜만에 왔는데 저녁 먹고 가렴."

아저씨가 부엌에서 재각이를 향해 외쳤다.

"네에! 아, 배고팠는데 맛있겠다."

재각이가 밥상을 가지러 부랴부랴 부엌에 들어갔다. 분희가 재각이의 뒷모습을 보고 조용히 미소 지었다.

엄마와 아빠를 모두 만났지만 초이의 마음은 편하지 않았다. 이대로 있다가는 영원히 원래 시간으로 돌아갈 수 없다는 생각에 숨이 막혔다. 어쨌든 혼자서는 방법을 찾기 어려웠다. 초이는 저녁 식사 시간에 속사정을 털어놓기로 마음먹었다.

다들 밥그릇을 비울 때쯤 초이가 어렵게 말문을 열었다.

"아저씨, 분희야, 재각아, 할 말이 있는데…… 사실 저는 2013년에 살고 있었어요."

초이의 말을 들은 세 사람은 한동안 아무 말도 하지 않았다. 아저씨는 전혀 믿지 않는 눈치였지만, 분희와 재각이는 놀란 표정이었다.

"초이야, 재미있는 이야기이긴 하지만 너무 말이 안 되는 농담이다."

"아저씨, 농담이 아니에요."

"시간을 거슬러 오다니, 그건 영화에서나 일어나는 일이야."

"저, 거짓말하는 거 아닌데……."

"네가 길을 잃었던 충격이 컸던가 보구나. 밤이 늦었으니까 얼른 방에 가서 쉬렴. 그럼 마음이 편안해질 거야. 재각이도 조금만 더 놀다가 집에 돌아가고. 응?"

아저씨는 이 말을 남기고 작업실로 올라갔다. 초이는 힘들게 꺼낸 말이 아무 소용 없는 것 같아 기운이 빠졌다. 자기의 말을 믿어 주지 않는 아저씨가 야속하기만 했다. 그때 분희가 속삭이듯이 말했다.

"있잖아, 초이야, 난 그럴 수도 있다고 생각해. 네가 왔을 때 뭔가 특별한 일이 일어날 것 같은 예감이 들었거든."

"역시 분희 너밖에 없구나. 고마워."

"초이야, 나도 그럴 수 있다고 생각해."

시간의 규칙을 찾아서

재각이도 얼른 분희를 따라 말했다.

"고마워, 재각아."

"그런데 미래로 돌아갈 방법은 알고 있니?"

재각이의 질문에 초이가 고개를 저었다.

"다시 돌아갈 방법을 알 길이 없어서 너희들에게 사실대로 말한 거야."

"그랬구나. 그런데 어쩌지? 우리도 미래로 가는 방법은 모르는데……."

재각이가 중얼거리자 초이가 다시 어깨를 늘어뜨렸다.

"우리 함께 생각해 보자. 같이 머리를 맞대면 방법이 떠오를지도 모르잖아."

분희가 초이의 등을 토닥였다.

그날 밤, 초이는 잠자리에 누워 이것저것 골똘히 생각했다.

'엄마와 아빠가 어릴 때부터 친했다는 말이 사실이었네. 내가 미래의 딸인 걸 알고 내 말을 믿어 주는 걸까? 엄마랑 아빠도 아직 어린네, 언제로 돌아갈 방법을 어떻게 찾지?'

이튿날 학교가 끝난 뒤 재각이가 분희와 함께 분희네 집으로 왔다. 재각이는 시무룩한 초이를 보고 안쓰러운 마음이 들어 꽤히 말을 시켰다.

"초이야, 너는 안 피곤해? 나는 계속 피곤하지 뭐야. 완전히 미국

생활에 적응했나 봐. 미국으로 다시 가야 하나?"

"너 지금 미국에 있다 온 걸 자랑이라도 하는 거야?"

초이가 재각이를 흘끗 보면서 말했다. 늘 진지한 아빠가 장난치는 모습이 낯설면서도 반가웠다.

"자랑이 아니라 사실이거든."

"참, 초이야, 너 미래에서 왔다고 했잖아. 미래 사회는 어때?"

분희가 초이에게 물었다.

"음, 지금보다 높은 건물이 훨씬 많지. 아이들도 무척 바쁘게 살아야 하고……."

"그리고 또? 더 얘기해 줘. 미래에서 혹시 나랑 분희를 본 적이 있어?"

재각이가 초이의 눈을 똑바로 보며 물었다. 초이는 순간 당황해서 아무 말도 못했다.

"으음, 글쎄……. 내가 미래로 돌아갈 수 있는 방법을 찾으면 그때 더 얘기해 줄게."

"에이, 치사하게. 그냥 얘기해 주지 그래."

그때 초이와 재각이의 이야기를 듣고 있던 분희가 둘의 대화에 끼어들었다.

"미래는 정해진 게 아니라고 했어. 우리가 어떻게 살아가느냐에 따라 달라지는 거니까 말야."

초이와 재각이도 분희 말에 고개를 끄덕였다.

"맞아. 우리 어제 하던 공기놀이나 다시 하자. 나 오늘은 어제보다 더 잘할 수 있을 것 같아."

"그래."

아이들이 마루에 둥글게 모여 앉았다.

"순서를 정하자. 가위바위보를 해서 1등부터 시계 방향으로 돌아가는 거야."

"좋아. 자, 가위 바위 보!"

초이와 재각이는 주먹을 내고 분희는 보자기를 냈다. 분희가 신나

서 소리쳤다.

"꺅! 내가 1등! 그럼 시계 방향이니까 두 번째는 초이, 세 번째가 재각이."

그러자 재각이가 따지듯 말했다.

"무슨 소리야. 내가 두 번째로 해야 돼."

그 말을 들은 초이도 재각이에게 따졌다.

"왜, 시계 방향이니까 내가 두 번째 맞지."

재각이가 잠깐 말을 멈췄다가 갑자기 의기양양한 표정으로 말했다.

시간의 규칙을 찾아서

"너희들 모르는구나? **호주에는 반대 방향으로 돌아가는 시계도 있어.**"

"뭐라고? 거짓말하지마. 너 먼저 하고 싶어서 지어 낸 거지?"

분희가 눈을 흘기며 묻자 재각이가 고개를 세게 저었다.

"정말이야. 아빠랑 호주로 여행 가서 봤어. **호주에 남아 있는 해시계는 우리의 시계 방향과 반대로 움직여.**"

"정말? 왜?"

"호주는 지구의 남반구에 있으니까."

"남반구가 뭔데?"

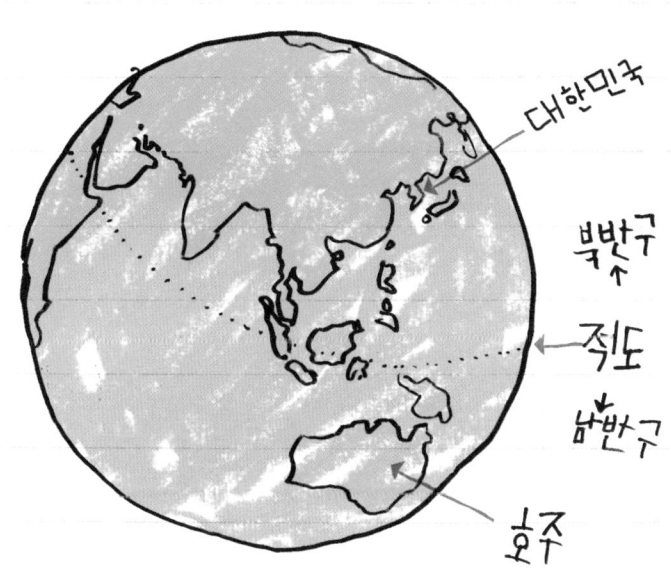

⭐ 적도
지구를 남과 북으로 나누는 선. 자전축과 수직으로 지구 중심을 지나도록 자른 평면과 지표의 교선

초이가 눈을 동그랗게 뜨고 재각이를 쳐다봤다. 분희도 재각이의 말을 이해하지 못한 눈치였다. 재각이는 둘을 한 번씩 바라보고 씨익 웃었다.

"아, 이거 또 내가 설명해 줘야 되겠네. **지구가 동그란 공처럼 생겼잖아. ⭐ 적도를 기준으로 위쪽은 북반구라고 하고 아래쪽은 남반구라고 해.**"

"그런데 그게 왜?"

"**북반구에 위치한 우리나라에서 볼 때는 해가 동쪽에서 떠서 남쪽으로 움직였다가 서쪽으로 져.** 그런데 호주는 남반구에 있어서 해가 움직이는 방향이 우리나라와 조금 달라."

"어떻게?"

"**남반구에서는 해가 동쪽에서 떠서 북쪽으로 움직이고 북쪽에서 서쪽으로 져.** 그래서 해시계 막대의 그림자도 막대를 중심으로 서쪽에서 남쪽, 그리고 동쪽으로 움직이게 되지."

"아, 그렇구나."

초이가 고개를 끄덕였다. 재각이의 말을 들으니 적도를 기준으로 지구의 북반구와 남반구에서 그림자의 이동 방향이 다르다는 사실이 이해됐다. 초이가 고개를 끄덕이자 분희가 나섰다.

"그래, 그건 알겠어. 그래서 재각이 네가 두 번째라는 거야?"

"어, 그렇다는 거지."

"말도 안 돼. 남반구에서는 해시계가 시계 반대 방향으로 돌아갈지 몰라도, 여긴 북반구니까 시계 방향으로 따지면 초이가 두 번째야."

아이들이 거실에서 아웅다웅하는 소리를 듣고 아저씨가 방에서 나왔다.

"왜 이렇게 소란스러운 거니?"

"아저씨, 공기놀이를 하는데 순서를 시계 방향으로 정하기로 했

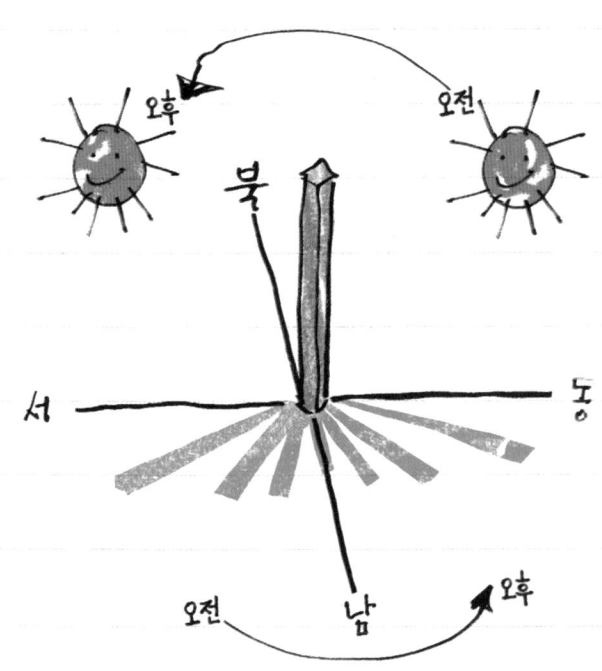

남반구에서 해와 그림자의 이동 방향

3. 거꾸로 도는 해시계

어요. 그런데 재각이가 호주에서는 해시계의 방향이 반대니까 자기가 두 번째라고 우겨요."

"하하, 녀석들. 난 또 뭐라고. 우리나라에서는 북반구의 해시계 방향을 따라야 하지 않을까?"

"그렇죠?"

"거 봐, 오재각."

아저씨까지 거들자 재각이가 입을 삐죽이며 중얼거렸다.

"그래, 그럼 내가 양보하지. 초이 네가 두 번째 해라."

"양보가 아니고 내가 원래 두 번째거든?"

"하하. 한국에 왔으니 한국식으로 해야지. 우리나라에는 세종 대왕이 만드신 앙부일구라고 하는 훌륭한 해시계도 있는데 말이다."

아저씨의 말에 아이들이 고개를 갸우뚱했다.

"**앙부일구?** 이름이 특이해요."

"**해의 그림자를 나타내는 솥뚜껑이라는 뜻이야. 한자로 우러를 앙, 솥뚜껑 부, 해 일, 그림자 구를 쓴단다.**"

"솥뚜껑에 그림자가 나타난다고요?"

"그래. 속이 움푹 파인 청동 그릇인 시반 안에 시곗바늘 역할을 하는 영침이 비스듬히 세워져 있거든. 햇빛이 비추면 영침의 그림자가 시반의 눈금에 드리워지지. 영침의 그림자 끝이 가리키는 눈금으로 시간을 읽는단다."

"구조가 복잡하지는 않네요. 그런데 왜 앙부일구를 훌륭한 해시계라고 말하는 거예요?"

"앙부일구는 시간뿐만 아니라 절기 즉 날짜까지 알 수 있는 해시계거든."

"시계로 날짜까지 알 수 있다고요?"

"시반이라는 오목한 부분에 세로선(시각선) 7줄과 가로선(절기선) 13줄이 그어져 있는데, 세로선을 읽으면 그림자의 방향에 따라 시간을 알 수 있어. 또 가로선을 읽으면 그림자의 길이 변화에 따라 절기를 알 수 있지."

"어떤 원리로 그렇게 되는 건데요?"

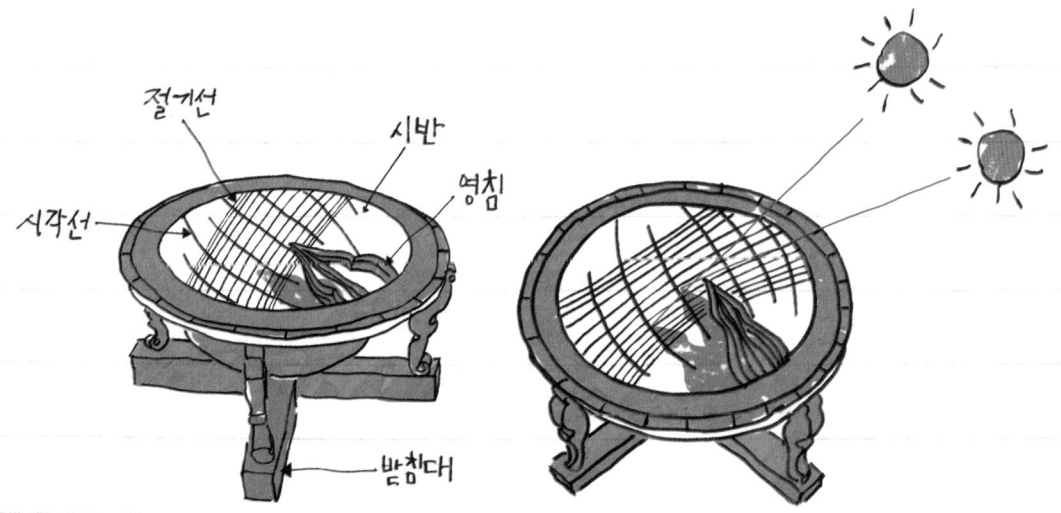

초이의 질문이 계속됐다.

"지구는 자전축을 중심으로 하루에 360도 돌아. 하루는 24시간이니까 한 시간에는 360÷24, 즉 15도씩 회전한단다. **시반에 영침을 중심으로 15도씩 같은 간격으로 세로선이 있어. 그래서 해가 한 시간에 15도 이동할 때, 세로선에 드리워진 그림자가 15도만큼 이동하면 한 시간이 지난 걸 알 수 있지.**"

"와! 그림자가 움직이는 각도를 정확히 표시했다니 대단해요! 아빠, 그럼 날짜는 어떻게 아는 거예요?"

"그걸 알려면 먼저 24절기를 알아야 돼."

"저 알아요. 1년이라는 시간을 스물네 부분으로 나누어서 계절을 구분하는 거죠?"

재각이가 손을 높이 들고 외쳤다. 초이와 분희, 아저씨가 모두 깜짝 놀라 재각이를 바라봤다.

"재각아, 어떻게 알았니?"

"헤헤. 일기 예보에서 들었어요."

"오, 오재각 좀 아네?"

분희가 재각이를 보고 씨익 웃었다. 재각이가 쑥스러운 듯 머리를 긁적였다. 그 모습을 본 초이의 얼굴에도 미소가 피었다.

"**24절기란 계절의 변화에 맞게 1년을 스물넷으로 똑같이 나누어 구분한 것이야.** 계절이 변하는 가장 큰 요인은 태양의 고도란다. 태양의 고도가 높으면 여름이 되고, 고도가 낮으면 겨울이지."

"그런데 고도가 높으면 그림자가 짧아요."

"고도가 낮으면 그림자가 길고요."

초이와 분희가 연달아 외쳤다.

"그럼 그림자의 길이를 보고 계절 변화를 알 수 있겠네."

이번에는 재각이가 고개를 끄덕이며 말했다. 아저씨는 눈이 동그래져서 세 아이들을 둘러보았다.

"너희들, 혹시 미리 공부했니? 그래. 절기마다 정오 때 태양의 고도가 달라지지. 그래서 절기선에 드리워진 영침의 그림자 길이로 24절기의 변화를 읽을 수 있어. 태양의 고도에 따라 여름에는 그림자가 짧고 겨울에는 그림자가 길겠지?"

분희와 재각이가 고개를 끄덕였다. 하지만 초이는 아직 궁금한 게 있었다.

"아저씨, 그런데 날짜는 어떻게 알아요?"

"1년을 24개의 절기로 구분하니까 한 달에는 2개의 절기가 있는 셈이란다. 절기와 절기 사이가 15일이 되지. 그래서 절기를 보고 대강의 날짜를 알 수 있단다."

"아, 그렇군요. 우리 조상들 대단하시네요. 시간뿐만 아니라 날짜까지 알 수 있는 해시계를 만들다니. 그런데 사람들은 왜 시계를 오른쪽으로 돌아가게 만든 거예요?"

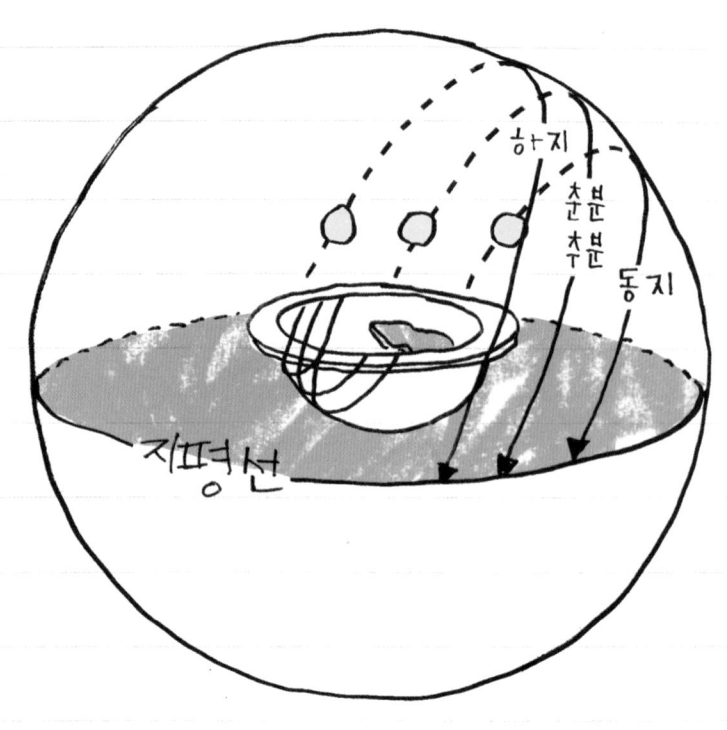

"아날로그시계가 해시계의 움직임을 본뜬 건 알고 있지? 지구 인구의 대부분이 북반구에 살기 때문에 지금은 모두 시곗바늘이 오른쪽으로 돌아가도록 만들고 있단다. 호주의 해시계 방향까지 알고 있다니 놀라운걸."

"헤헤. 그 정도는 기본이죠. 거꾸로 돌아가는 시계를 가지고 있으면 값어치 좀 나가겠는걸요."

"하하하. 아마도 그렇겠지?"

재각이는 금세 기분이 풀려 활짝 웃었다. 아이들은 공기놀이도 잊고 밤이 늦도록 해시계의 원리와 시계 방향 이야기에 시간 가는 줄 몰랐다.

왜 호주의 해시계는 우리나라의 해시계와 반대 방향으로 돌아갈까요?

초이의 시간 여행 퀴즈3

 목도리와 부채

"초이야, 들었어? 재각이네 식구들 가을부터 겨울까지 호주에 다녀온대."

"그래? 미국에서 돌아온 지 얼마 안 됐는데, 또?"

초이는 며칠 사이에 정든 아빠가 떠난다니 마음이 허전했다.

'미래로 돌아갈 방법을 함께 찾을 수 있을 거라고 생각했는데…… 이렇게 헤어지게 되는 건가.'

"재각이는 좋겠지? 그런데 오자마자 다시 간다니 조금 아쉽네. 아직 너를 미래로 돌려보낼 방법도 못 찾았는데……."

분희도 힘없는 목소리로 말했다.

'엄마랑 아빠가 떨어지게 되는 것도 안타깝다. 둘이 좋아하는 것

같은데…….'

여전히 생각에 잠겨 있는 초이에게 분희가 짐짓 명랑한 목소리로
말을 건넸다.

"초이야, 나 전에 재각이한테 선물 받았잖아. 이번에는 내가 선물
하려고. 네가 좀 도와줘."

"좋은 생각이네. 가을부터 겨울 동안 가 있는 거라고?"

"응. 어떤 선물이 좋을까?"

"겨울에는 추울 테니까 장갑이나 목도리 어떨까?"

"음…… 내 목도리 중에 예전부터 재각이가 좋아했던 걸 선물할래. 그럼 목도리를 두를 때마다 내가 생각나겠지?"

분희가 옷장 서랍을 뒤지기 시작했다. 그리고 조금 뒤 옷장 구석에서 긴 털목도리를 꺼냈다. 초이는 그런 분희의 모습을 물끄러미 바라보다가 얼른 일어나 포장지를 준비했다.

"분희야, 내가 포장하는 거 도와줄게. 얼른 싸서 재각이네 집에 놀러 가자."

잠시 후 초이와 분희는 예쁘게 포장한 목도리를 들고 재각이네 집으로 향했다. 왓치도 따라왔다.

'딩동딩동.'

"누구세요?"

집 안에서 재각이의 목소리가 들렸다.

"재각아, 우리야. 초이랑 나."

"들어와. 왓치도 왔네."

"이야옹."

현관을 들어서자 대리석이 깔린 넓은 거실이 펼쳐졌다. 거실 탁자에는 작은 조각상들과 지구본이 놓여 있었다. 왓치는 거실에 들어서자마자 바닥에 있는 야구공을 굴리고 노느라 정신이 없었다.

"어서 와. 웬일이야, 우리 집에 다 오고?"

"분희가 너한테 줄 게 있대. 나, 부엌에 가서 물 좀 마시고 와도

되니?"

"그래, 초이야."

초이는 혹시 분희가 쑥스러울까 봐 자리를 피해 줬다. 분희가 재
각이에게 말을 건넸다.

"너 여행 간다고 해서 그 전에 보려고 왔지."

"겨울에 가는 건데, 뭘. 그리고 나는 별로 가고 싶지 않아. 아버지
가 출장 가서서 따라가게 됐어. 하지만 나는 분희…… 아니, 너희가
있는 한국이 좋아."

재각이의 표정이 갑자기 시무룩해졌다.

"가서 안 오는 것도 아닌데 뭘 그래. 자, 이거 받아."

분희가 선물 꾸러미를 내밀며 말했다. 선물을 받은 재각이의 얼굴이 밝아졌다.

"선물이야? 고마워. 어? 이거 네 목도리잖아. 이거 나 줘도 되는 거야?"

"응. 가서 겨울을 나려면 목도리가 있어야 하지 않겠어? 춥지 않게 둘러."

"냐아옹."

'탁!'

그때 왓치의 울음소리와 함께 탁자 위에 있던 지구본이 바닥으로 떨어졌다. 왓치가 공을 가지고 놀다가 지구본이 놓인 탁자 다리를 건드린 것이다. 재각이는 금세 울상이 되었다.

"왓치, 이게 뭐야? 지구본이 떨어졌잖아. 깨졌으면 큰일이야."

분희도 놀라서 바닥에 떨어진 지구본을 집어 들었다. 지구본 한가운데를 지나가는 축이 삐딱하게 기울어져 있었다.

"깨지지는 않았는데 중심축이 기울어졌어. 망가진 거 같다."

"어떻게 해. 이거 아빠가 제일 아끼시는 건데."

재각이는 아예 바닥에 주저앉아 버렸다. 분희는 어찌할 바를 몰라 그대로 서 있었다.

"재각아, 나 식탁에 있는 사과 먹어도 될까?"

초이가 부엌에서 사과 하나를 들고 나오다가 재각이의 모습을 보고 발을 멈췄다.

"왜 그러고 있어? 무슨 일이야?"

재각이가 하소연하듯이 말했다.

"어, 마음껏 먹어. 그런데 어떻게 하지? 지구본 기둥이 망가졌어."

초이는 울먹이는 재각이를 보는 게 뜻밖이었다. 늘 엄한 아빠에게서 상상할 수 없는 모습이었다.

"괜찮아. 고장난 거 아니야. 우리 집에 있는 지구본도 이렇게 기울어져 있는걸."

초이가 재각이를 다독이며 어른스럽게 말했다.

"정말이야?"

시간의 규칙을 찾아서

초이가 사과를 한입 베어 물고 우물거리며 대답했다.

"으응, 그렇다니까. 그것도 몰랐어? 내가 책에서 봤는데 지구본 가운데 있는 건 기둥이 아니라 지구 자전축이야."

재각이와 분희는 초이의 말을 못 알아들은 표정이었다. 초이가 부엌으로 가서 젓가락을 하나 가져왔다. 그리고 젓가락을 사과의 중앙에 꽂아 지구 자전축처럼 만들었다.

"뭐 하는 거야?"

"만약에 이 사과가 지구라면, **지구는 하루에 한 바퀴를 돌아.** 이렇게."

초이는 한 손으로 젓가락을 꼿꼿이 세우고, 다른 손으로 사과를 회전시켰다. 사과가 제자리에서 한 바퀴 돌았다.

"나도 알아, 지구의 자전!"

분희의 말에 초이가 고개를 끄덕였다.

"이때 지구는 자전축을 중심으로 돌게 돼. 이 젓가락 보이지?"

초이가 젓가락을 살짝 기울이면서 말을 이었다.

"그런데 지구 자전축은 수직이 아니라 이렇게 살짝 기울어져 있대. 저 지구본처럼."

'딩동딩동.'

그때 또다시 벨소리가 울렸다.

"누구세요?"

"분희 아빠다. 시계 가지고 왔다."

재각이가 문을 열자마자 초이가 아저씨에게 달려가 사과와 젓가락을 들이댔다.

"아저씨, 기울어진 거 맞죠? 이렇게요."

아저씨는 초이와 젓가락이 꽂힌 사과를 번갈아 보다가 바닥에 떨어진 지구본을 보고 웃음을 터트렸다.

"하하하. 혹시 지구 자전축에 대해 이야기하고 있었던 거니? 그래, **지구 자전축은 수직에서 23.5도 기울어져 있단다.**"

"휴. 난 또 망가진 줄 알았네."

재각이가 안도의 한숨을 쉬었다. 아저씨가 지구본을 바로 세우며 말했다.

"만약 지구 자전축이 기울지 않고 똑바로 서 있다면 일 년 내내 계절이 변하지 않을걸."

"아빠, 지구 자전축이랑 계절이 무슨 상관이에요?"

"그건 내가 알 것 같아."

다시 초이가 나섰다.

"음…… 태양 빛을 많이 받는 지역은 덥고, 태양 빛을 덜 받는 지역은 추워지거든."

"태양은 지구를 똑같이 비추는 거 아니야?"

재각이가 묻자 초이가 고개를 저으며 말했다.

"재각이 너 외국에 많이 다녔다며. 우리나라처럼 사계절이 있는 나라도 있지만, 늘 추운 나라도 있고 늘 더운 나라도 있어. 태양이 똑같이 비추지 않아서 그런 거야. 그렇죠, 아저씨?"

"지표면과 태양이 이루는 각도를 태양의 고도라고 한단다. 태양의 고도 때문에 지표면의 기온이 달라져. 예를 들어 적도 지방은 일 년 내내 태양의 고도가 높아서 여름이 계속돼."

"태양의 고도가 높은데 왜 여름이 계속돼요?"

분희의 질문에 재각이가 나섰다.

"정오에 해가 바로 머리 위에서 내리쬐면 뜨겁잖아. 같은 원리 아닐까?"

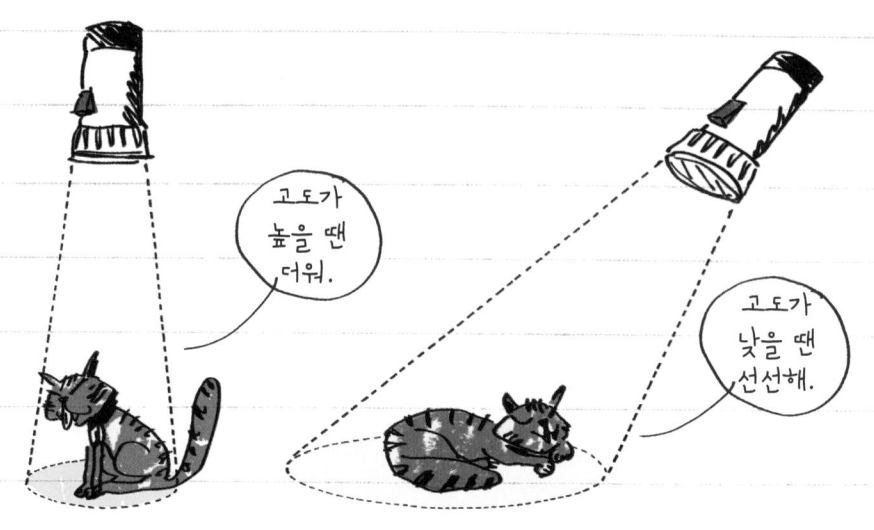

아저씨가 고개를 끄덕였다.

"맞아. 태양의 고도가 높을 때, 즉 **해가 머리 위에서 내리쬐면 태양 에너지가 좁은 면적에 집중되니까 지면이 받는 태양 에너지가 많아지지.** 그래서 **태양의 고도가 높은 여름에는 기온이 올라가고, 태양의 고도가 낮은 겨울에는 기온이 내려간단다.**"

아저씨와 재각이의 이야기를 듣고 분희가 환한 목소리로 말했다.

"아하! 그래서 **일 년 내내 태양의 고도가 높은 적도 부근은 항상 덥고, 태양의 고도가 낮은 극지방은 늘 추운 거네요.**"

"적도 지방에도 계절의 변화는 있어. 하지만 변하는 정도가 미약해서 일 년 내내 같은 날씨인 것처럼 느껴지지."

"아, 그렇구나."

하지만 초이는 여전히 생각에 잠겨 있었다. 우리나라는 왜 일 년 내내 덥거나 일 년 내내 춥지 않은지가 이해되지 않았다.

"아저씨, 그럼 우리나라는요? 왜 봄, 여름, 가을, 겨울이 생겨요?"

초이가 질문을 던지자 분희와 재각이도 한마디씩 했다.

"정말. 그건 왜 그래요?"

"그게 자전축 때문이에요?"

아저씨는 아이들을 둘러보더니 초이에게서 사과를 건네받았다. 그리고 거실을 두리번거렸다.

"태양이 있어야 설명하기 쉬운데……. 재각아, 집에 전등 있니? 잠깐 빌리자꾸나."

재각이가 안방에서 무릎 높이만 한 전등을 가지고 나오자, 아저씨가 거실의 형광등 불을 끄고 전등 스위치를 올렸다.

"자, 이걸 태양이라고 생각하렴."

어두운 거실에 전등만 밝게 빛나고 있었다. 아저씨가 젓가락을 꽂은 사과를 비스듬히 들고 말을 이었다.

"지구는 자전축을 중심으로 하루에 한 바퀴 자전해. 그리고 1년에 한 바퀴 태양의 둘레를 돌지. 그걸 공전이라고 한단다."

아저씨는 젓가락을 꽂은 사과를 들고 전등 둘레를 한 바퀴 돌았다.

"초이가 베어 먹은 부분을 우리나라라고 생각해 볼까? **자전축이**

기울어져 있기 때문에 이렇게 한 바퀴 공전하는 동안 우리나라에서는 태양의 고도가 바뀐단다. 태양의 고도에 따라 기온이 달라지니까 1년 동안 서서히 기온이 변하고."

"아, 그래서 계절이 생기는 거구나."

"태양의 주위를 1년에 한 바퀴 돌기 때문에 사계절이 매년 반복되고."

"그럼…… 만약 지구 자전축이 기울지 않았다면요?"

아저씨가 이번에는 젓가락을 수직으로 세웠다.

"지구 자전축이 이렇게 수직이라면, 지구가 공전해도 같은 지역

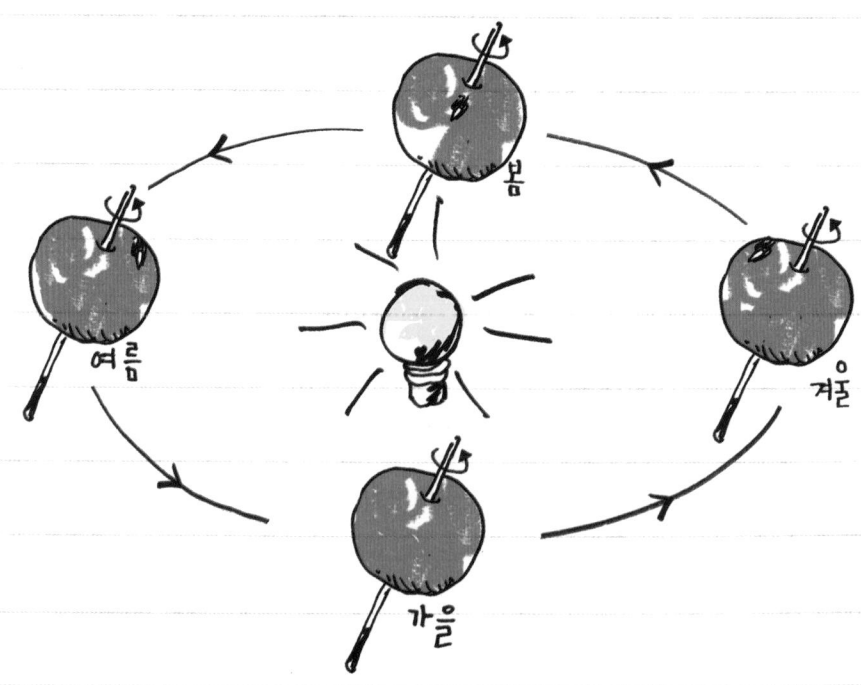

시간의 규칙을 찾아서

에서는 태양의 고도가 늘 일정하단다. 즉 지구 자전축이 기울지 않았다면…….”

“일 년 내내 계절이 안 변해요!”

재각이가 소리쳤다. 분희가 지구본에서 우리나라를 짚으며 중얼거렸다.

“우리나라가 여기, 북반구에 있어서 사계절이 있는 거예요? 지구가 공전하면 우리나라에서 태양의 고도가 바뀌니까.”

“맞아, 분희야. **우리나라가 적도나 극지방에 있었다면 큰 계절 변화가 없을 거다.** 적도와 극지방 사이에 있기 때문에 공전할 때 계절 변화가 생기는 거지.”

아저씨와 분희의 대화를 듣자 초이도 계절이 바뀌는 이유를 완전히 이해할 수 있었다.

“그런데 얘들아, 이거 아니? 지구 자전축이 기울어져 있기 때문에 낮의 길이도 변한단다. 낮의 길이에 따라 계절이 바뀌고.”

“어떻게요?”

아이들이 입을 보아 물었다.

“낮의 길이가 길면 햇빛을 받는 시간이 길어져서 기온이 올라가고, 반대로 낮의 길이가 짧으면 햇빛을 받는 시간이 짧아서 기온이 떨어지거든.”

“언제 낮의 길이가 가장 길어요?”

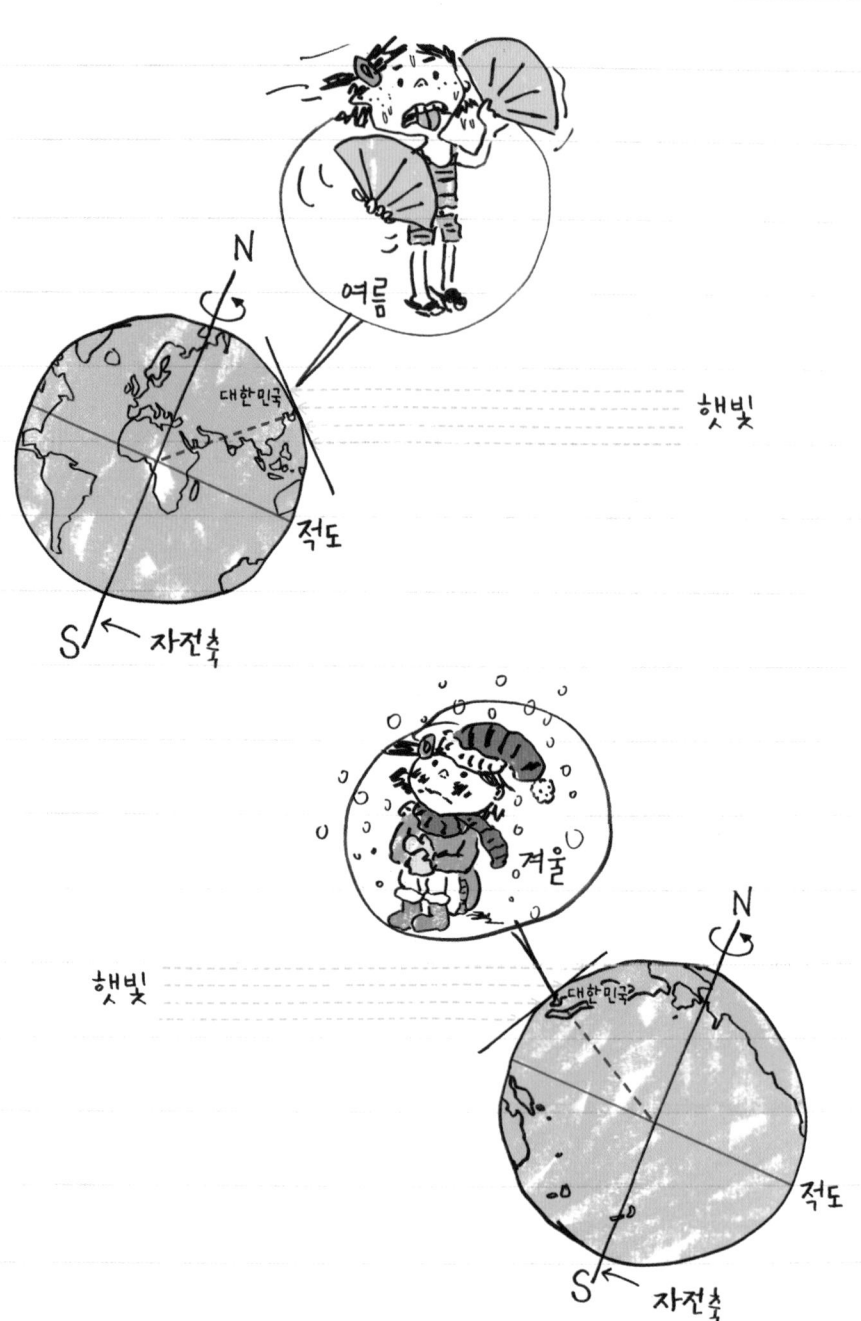

시간의 규칙을 찾아서

"1년 중 태양이 가장 높이 뜨고 낮의 길이가 가장 긴 절기를 하지라고 해. 하지는 양력으로 6월 21일경이란다. 하지 전까지 낮이 점점 길어져서 하지 때 가장 길고, 하지가 지나면 낮이 점점 짧아지는 거야."

"아빠, 하지가 있는 6월이 가장 더워야 하는 거 아니에요? 그런데 왜 7월, 8월이 더 더워요?"

"정오에 해가 가장 높이 뜨지만, 하루 중 가장 기온이 높은 시간은 오후 1~2시경이란다. 태양 에너지가 가장 많이 모이기 때문이지. 계절도 이와 같아. 낮의 길이가 길어지면서 받은 태양 에너지가 모여서 6월보다는 7월 말, 8월 초에 가장 더워지지. 겨울도 마찬가지란다. 해가 가장 짧은 동지 때보다 동지 한 달 뒤에 가장 춥단다."

"태양으로부터 받은 에너지가 모여서 그렇게 되는 거였군요."

재각이가 이제야 알겠다는 표정을 지었다.

"그런데 재각아, 네가 가는 호주는 어디 있어?"

"여기!"

재각이가 지구본에서 호수를 찾아 가리켰다.

"정말 우리나라는 적도를 기준으로 위쪽에 있는데 호주는 적도를 기준으로 아래쪽에 있어."

"이렇게 보니까 그리 멀리 떨어진 것도 아니네."

재각이가 가리키는 곳을 살펴보던 초이와 분희가 웃으며 말했다.

재각이가 목도리를 목에 두르며 싱긋 웃었다.

"그래. 겨울 동안 네가 준 목도리 두르고 잘 지낼게."

아이들이 나누는 말을 듣고 있던 아저씨가 물었다.

"재각아, 너희 호주로 간다고?"

"네."

아저씨가 이번에는 분희에게 말했다.

"그런데 재각이한테 목도리를 선물한 거니? 저런."

"왜요? 재각이가 좋아하는 목도린데……."

"재각이가 거기 도착하면 아마 여름이 시작될 거야. 아쉽지만 그

우리나라가
겨울일 때 호주는
여름이라고요?

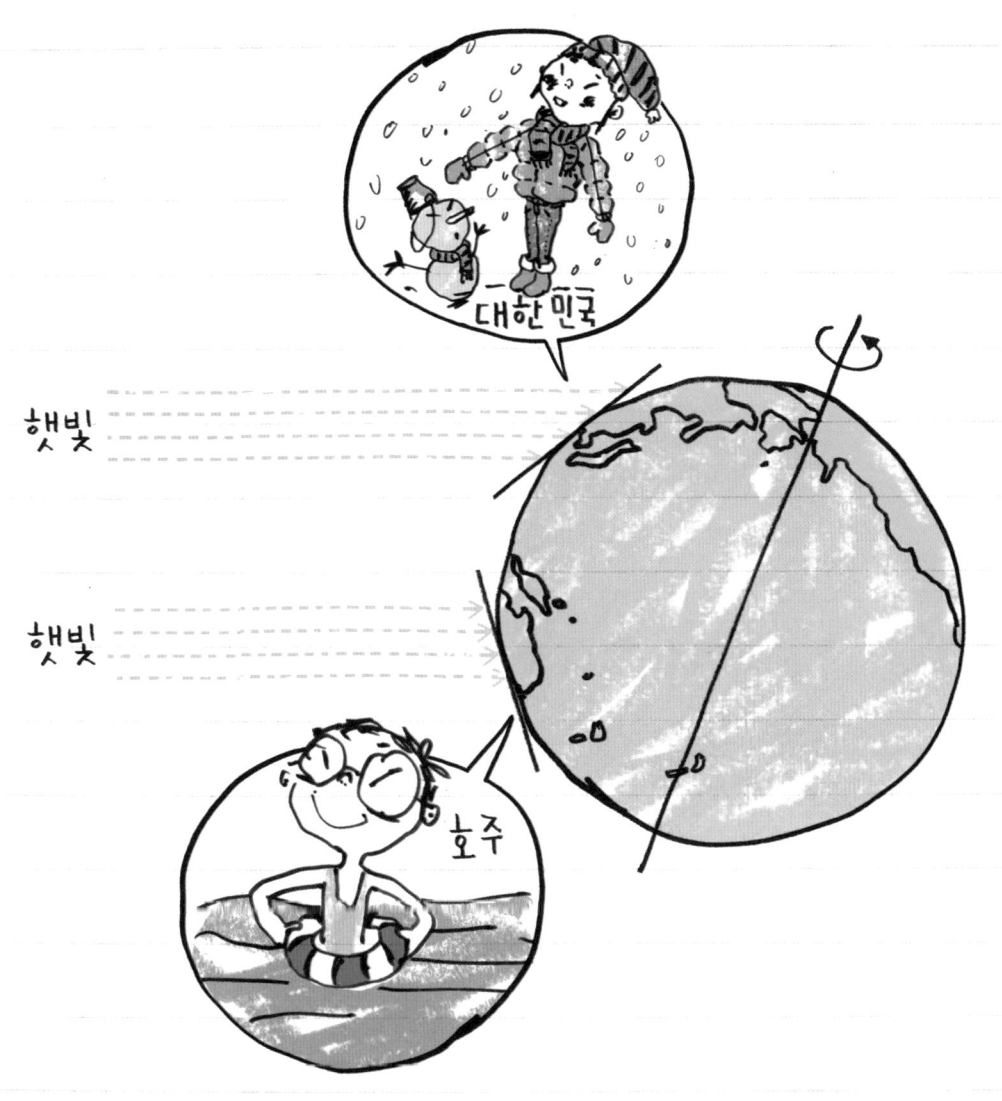

햇빛

햇빛

목도리는 재각이가 한국에 돌아와 내년 겨울에나 매야 될 것 같구나.”

“그게 무슨 말이에요? 호주에선 여름이 시작되다니요?”

“우리나라는 지구의 북반구에 있고 호주는 남반구에 있단다. 이 지구본을 보거라. 태양의 고도가 낮아 우리나라가 겨울일 때, 호주는 태양의 고도가 높은 여름이지. 북반구에 있는 우리나라와 남반구에 있는 호주는 계절이 서로 반대가 되는 거란다.”

그 말을 들은 재각이가 다시 자리에 주저앉았다. 분희와 떨어지기 싫은 마음이 합해져서 왈칵 눈물이 쏟아졌다.

“그럼 가져가도 두를 수도 없네요. 아, 정말 호주에 가기 싫다.”

그 모습을 보고 분희가 다가가 달랬다.

“돌아와서 같이 놀면 더 좋지 뭐. 목도리는 겨울에 매고, 여행 갈 때는 내가 아끼는 부채를 선물해 줄게, 울지 마.”

“그래, 재각아. 선물을 받고 우는 사람이 어딨니? 하하.”

“울보인 줄 몰랐네. 아빠, 아니, 재각이.”

아저씨와 초이의 말에 재각이가 머리를 긁적이며 일어났다.

“아니. 난 그냥 못 보는 게 서운해서. 고마워, 분희야. 네가 아끼는 목도리 잘 간직했다가 겨울에 같이 놀 때 맬게.”

“알았어. 꼭 같이 놀자.”

분희의 한마디에 재각이의 표정이 또 금세 밝아졌다. 늘 엄하던

시간의 규칙을 찾아서

아빠에게 이렇게 여린 구석이 있었다니, 초이는 아빠가 달리 느껴졌다.

'조금 늦게 돌아가면 어때. 여기에 엄마랑 아빠가 함께 있는데.'

초이는 마음속으로 활짝 미소 지었다.

24절기로 계절 읽기

"개구리가 깨어난다는 경칩이 다가왔습니다", "처서가 시작되면서 더위가 한풀 꺾이겠습니다", "오늘은 밤이 가장 긴 동지입니다." 일기예보를 보면 종종 두 음절의 한자어로 날씨를 표현합니다. 바로 1년을 스물네 개의 기간으로 구분한 24절기입니다. 24절기는 봄, 여름, 가을, 겨울 사계절을 각각 6등분하여 약 15일간의 날씨나 기온을 표현하는 명칭을 붙인 것입니다. 동식물의 생태 변화와 농사 일정을 담고 있어서 절기를 알면 날씨 변화를 예측할 수 있지요. 각 절기의 뜻을 알아볼까요?

계절	절기	양력 날짜	날씨와 농사
봄	입춘	2월 4일	봄이 시작된다.
	우수	2월 18일	봄비가 내린다.
	경칩	3월 5일	개구리가 겨울잠에서 깨어난다.
	춘분	3월 20일	밤과 낮의 길이가 같아진다. 춘분 이후로 낮이 점점 길어진다.
	청명	4월 5일	날씨가 맑고 볕이 좋다. 봄 농사를 준비한다.
	곡우	4월 20일	농사에 필요한 비가 내린다.

여름	입하	5월 5일	여름이 시작된다.
	소만	5월 21일	식물 잎사귀가 푸르게 물든다. 본격적인 농사를 시작한다.
	망종	6월 6일	씨를 뿌린다.
	하지	6월 21일	1년 중 낮이 가장 길다.
	소서	7월 7일	본격적인 더위에 접어든다.
	대서	7월 24일	여름 더위가 한창이다.
가을	입추	8월 7일	가을이 시작된다.
	처서	8월 23일	더위가 물러간다.
	백로	9월 7일	이슬이 내린다.
	추분	9월 23일	밤과 낮의 길이가 같아진다. 추분 이후로 밤이 점점 깊어진다.
	한로	10월 8일	찬 이슬이 내린다.
	상강	10월 23일	서리가 내리기 시작한다.
겨울	입동	11월 7일	겨울이 시작된다.
	소설	11월 22일	눈이 내린다.
	대설	12월 7일	큰 눈이 온다.
	동지	12월 22일	1년 중 밤이 가장 길다.
	소한	1월 5일	추위가 온다.
	대한	1월 20일	가장 큰 겨울 추위가 닥친다.

생일을 챙겨 줘

"왓치, 오늘은 분희랑 재각이 오면 뭘 하고 놀까?"

초이는 분희와 재각이가 학교에서 돌아오기 전부터 셋이 함께 놀 생각에 바빴다.

"휴. 그나저나 현재로 쉽게 돌아갈 수는 없는 건가 봐. 너도 좋은 생각이 나면 꼭 알려 줘야 해. 알았지, 왓치?"

"야옹."

"초이야, 우리 왔어."

그때 분희와 재각이가 집으로 달려 들어왔다.

"빨리 왔네. 우리 뭐 하고 놀까?"

"딱지치기 하자. 엄청 재미있어!"

재각이가 기다렸다는 듯이 대답했다.

"재각이 너한테만 너무 유리하잖아. 우리는 딱지치기 잘 못하는데."

"얘들아, 내가 살살 칠게. 내 딱지는 너희 것보다 작게 만들어서 치면 되잖아. 응? 딱지 치자."

재각이가 애원하는 표정으로 말했다. 초이는 어떻게든 딱지치기를 하려는 아빠의 모습이 귀엽게 보여 고개를 끄덕여 줬다. 분희도 잠시 생각에 잠겼다가 고개를 끄덕였다.

"그래, 한번 해 보자."

"좋았어! 분희야, 집에 빳빳한 종이 있어? 아, 저 달력 종이로 접으면 되겠다."

재각이가 벽에 걸린 달력을 가리키며 말했다.

"야, 그러다 아빠한테 혼나면 어떻게 해?"

"아저씨 모르게 뒷장인 12월부터 세 장만 뜯으면 돼. 10월 되기 전에 내가 집에 있는 새 달력 갖다 줄게, 걱정 마."

"그럼…… 그럴까?"

조이와 재각이는 분희의 말이 떨어지기 무섭게 달력으로 딱지를 접었다. 한창 딱지치기에 정신이 팔려 있을 때 아저씨가 돌아왔다.

"너희들 딱지치기 하는구나. 나도 어렸을 때 딱지 많이 접었지."

"아빠, 딱지치기 잘하셨어요?"

"그럼. 딱지는 말이야……."

'탁!'

아저씨가 재각이의 딱지를 쥐고 바닥에 놓인 딱지를 세게 내리치
자 바닥의 딱지가 뒤집어졌다.

"이렇게 정확히 내리쳐야 잘 넘어가지. 딱지가 빳빳해서 잘 넘어
가는구나. 무슨 종이로 접었니?"

순간 아이들은 말문이 막혔다. 셋이 서로 눈치를 보자 아저씨의

시간의 규칙을 찾아서

목소리가 조금 굳었다.

"설마 너희들, 올해 달력을 뜯은 거니?"

"⋯⋯네."

분희가 작은 목소리로 대답했다.

"요 녀석들이. 물어보지 않았으면 말하지 않을 생각이었니?"

"뒤에서부터 12월, 11월, 10월을 찢었어요. 재각이가 새 달력을 가져다준다고 해서요."

분희의 말에 아저씨의 표정이 조금 누그러졌다.

"그래, 아빠 생일이 있는 부분은 안 뜯어서 그나마 다행이구나. 녀석들 하고는."

아저씨의 말에 이번에는 분희의 표정이 뽀로통해졌다.

"분희야, 왜 그래?"

초이가 분희의 얼굴을 들여다보며 물었다.

"아빠가 생일 이야기를 하시니까 갑자기 내 생일이 생각나서. 내 생일은⋯⋯."

분희가 갑자기 말을 잇지 못하고 고개를 숙였다. 그리고 이내 울음을 터트렸다.

"분희 생일은 2월 29일이야. 그래서 4년에 한 번밖에 안 돌아와."

재각이가 초이의 귀에 작게 속삭였다. 초이도 엄마의 생일을 알고 있었다. 4년에 한 번만 있는 2월 29일이라 2월 28일에 대신 축하해

분희의 생일은
4년에 한 번뿐이야.

주곤 했다. 하지만 깜박하고 못 챙겨 준 해도 적지 않았다. 초이는 갑자기 엄마에게 미안한 마음이 들었다.

"대체 왜 4년에 한 번씩 2월 29일을 끼워 놓았을까요? 해마다 2월이 28일까지 있으면 나 같은 사람이 안 생길 텐데, 왜 내 생일만 이런 거야?"

참아 보려 했지만 서러움에 눈물이 다시 터져 나왔다. 아저씨가 놀라서 분희에게 다가갔다.

"많이 속상했구나. 그건 말이다, **달력에서의 1년과 지구가 태양 주위를 한 바퀴 도는 데 걸리는 실제 시간이 차이가 나기 때문이야. 달**

력에서 1년은 365일이지만 실제로 지구가 태양을 한 바퀴 도는 데에는 365일하고도 5시간 48분 정도가 더 걸리거든."

"정말요?"

분희가 눈물을 닦으며 물었다. 초이와 재각이도 처음 듣는 이야기에 귀가 쫑긋해졌나.

"응. 1년이 365일인 달력을 기준으로 할 때 실제로 지구가 태양을 한 바퀴 도는 데에는 5시간 48분이 더 걸리니까 매년 약 6시간 정도를 따지지 않고 넘어가는 셈이란다."

"그럼 달력이 정확하지 않은 거예요?"

365일 6시간!　　6시간×4 = 24시간 = 하루

매년 6시간이 남으니까, 4년마다 하루가 생겨.

재각이가 물었다.

"그대로 두면 정확하지 않아. 그래서 그 오차를 없애기 위해 달력에 하루를 더 만들어 넣었어. 매년 남는 6시간을 모아 4년마다 하루를 더 둔 거야. 그게 바로 2월 29일이지."

"6시간×4=24시간. 와, 정말 4년마다 하루가 더 생기네요."

"그렇게 해서 지구가 태양 주위를 한 바퀴 도는 시간과 달력의 시간을 똑같이 맞추는 거란다. 2월 29일을 윤일이라고 하고, 윤일이

들어 있는 해를 윤년이라고 하지."

"그럼 2월 29일이 없으면 달력이 점점 더 틀어지겠네요? 분희야, 네 생일이 없으면 달력이 이상해지겠다."

재각이의 말에 분희의 표정이 밝아졌다.

"뭐 그렇게까지. 아하하. 그래도 2월 29일이 있는 이유를 듣고 나니까 속이 시원해."

"그래서 4년에 한 번씩 2월 29일이 낀 윤년이 돌아왔던 거구나. 윤년은 366일이고."

"음…… 1984년이 윤년이었으니까 그로부터 4년 뒤인 1988년에 다시 윤년이 돌아오는 거야."

분희가 연습장에 1984년부터 4년씩 더해 윤년을 적기 시작했다.

"그다음 윤년은 1988년이고, 그 뒤로 1992, 1996, 2000, 2004, 2008, 2012, 2016, 2020……."

"4씩 더하니까 윤년을 쉽게 알아낼 수 있네."

재각이가 노트를 보고 감탄

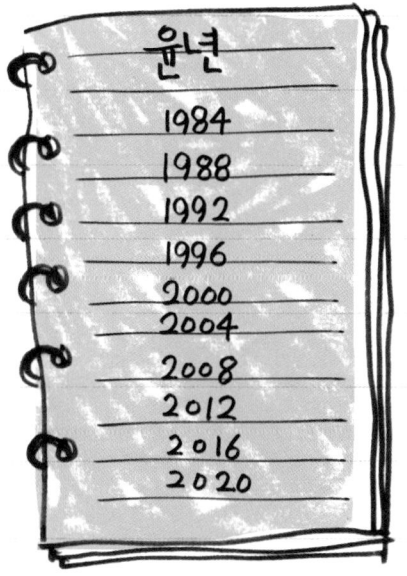

윤년
1984
1988
1992
1996
2000
2004
2008
2012
2016
2020

하자 분희도 활짝 웃었다. 하지만 초이의 호기심은 쉬이 풀리지 않았다.

"아저씨가 아까 1년에 6시간씩 남아서 4년마다 윤일을 둔다고 하셨잖아요."

"그랬지."

"그런데 실제로는 5시간 48분이잖아요."

"응. 5시간 48분을 어림잡아 6시간으로 따진 거란다."

"그럼 5시간 48분보다 12분씩 더 센 거잖아요."

"맞다. 없는 12분씩을 더 따진 거지. 초이가 예리한 지적을 했네. 그 12분 때문에 특이한 해가 생긴단다. 윤년일 것 같지만 윤년이 아닌 해!"

"윤년일 것 같지만…… 윤년이 아닌 해라고요?"

초이와 아저씨의 대화를 듣고 재각이와 분희도 눈이 동그래졌다.

"그래. 윤년으로부터 4년째 되는 해가 모두 윤년이잖니. 그러면 100년째 되는 해는 어떻겠니? 암산이 빠른 분희가 말해 볼래?"

"100은 4로 나누어떨어지는 4의 배수예요. 그러니까 당연히 윤년으로부터 100년째 되는 해도 윤년이에요. 맞죠?"

"하하. 아빠가 쳐 놓은 함정에 걸려들었어. 100이 4의 배수인 건 맞는데, 100년째 되는 해, 200년째 되는 해, 300년째 되는 해는 특이하게 윤년이 아니란다."

"네?"

뜻밖의 대답에 분희가 고개를 갸우뚱했다.

"왜요? 100, 200, 300도 모두 4의 배수인데 왜 윤년이 아닌 거죠?"

재각이가 따지듯이 물었다.

"아까 초이가 궁금해한 12분 때문에 예외가 생긴 거란다. 세지 않은 12분 400년 치가 모이면 12분×400=4800분이야. 4800분은 80시간이니까 약 3일(72시간)이 되지. 실제로 없는 시간이 400년 동안 3일 정도 생기는 거야."

400년 중에 3일?

"12분도 400년이나 모이니 긴 시간이 되네요. 그래서요?"

"400년 동안 3일을 더 셌으니 400년 중에 3일을 빼야 달력과 실제 지구의 공전 시간이 맞아떨어지겠지?"

아이들이 천천히 고개를 끄덕였다.

"그럼 3일을 어디서 빼요?"

"아까 말한 것처럼 100년째 되는 해에 하루, 200년째 되는 해에 하루, 300년째 되는 해에 하루를 빼는 거란다. 그래서 100년째 되는 해, 200년째 되는 해, 300년째 되는 해는 366일이 아니라 365일이 되는 거고."

"와, 이렇게 세세한 부분까지 놓치지 않고 계산하다니 대단해요."

"그럼 윤년은 4년이 아니라, 정확히 말하면 400년을 주기로 반복되는 거네요?"

"그렇지. 정리하면, 4의 배수가 되는 해에는 모두 2월 29일이 있고 100의 배수인 해에는 모두 2월 29일이 없지만, 예외적으로 400의 배수인 해에는 2월 29일이 있는 거야."

"아, 그렇게 정리하니까 더 쉬워요. 4의 배수인지, 100의 배수인지, 400의 배수인지를 따져 보면 쉽게 윤년을 찾을 수 있겠다. 그렇지?"

초이가 재각이를 보며 물었다.

"아아, 나는 머리가 아파."

재각이가 머리를 잡고 마룻바닥에 대자로 누우며 중얼거렸다.

"허허허. 쉽지 않지. 셀 수 없이 오랜 시간 동안 수많은 사람들의 경험과 지식이 쌓여 지금처럼 정확한 달력이 만들어졌으니 말이다."

초이도 재각이를 따라 마룻바닥에 누워 천장을 올려다봤다.

"신기해요, 시간이란 거. 계속 흘러가니까요."

"그래. 난 너희들을 보면 기분이 묘하단다. 10년 전만 해도 이런 말썽꾸러기 녀석들이 세상에 없었는데 말이지. 하하하."

"10년 뒤에는 우리가 스무 살이 돼. 20년 뒤에는 서른 살이라니. 신기하지 않아?"

분희가 누워 있는 초이와 재각이를 보고 물었다.

"이야옹."

딱지를 가지고 놀던 왓치가 분희의 말을 알아듣기라도 한 것처럼 소리 내어 울었다. 왓치의 울음소리에 초이가 흠칫 놀랐다. 훗날 분희와 재각이가 자신의 엄마, 아빠가 된다는 사실이 새삼 믿기지 않았다. 그리고 분희와 재각이가 미래를 알려 달라고 할까 봐 마음이 조마조마해졌다. 그런 초이의 맘을 아는지 모르는지, 분희가 초이 옆에 걸터앉으며 말했다.

"시간이 흐르면 정말 우리도 어른이 될까? 잘 상상이 안 돼. 너도 그렇지, 초이야?"

"으응. 그런데 음…… 아저씨, 아저씨 생일은 언제예요?"

미래에 대한 이야기가 더 나올까 봐 초이가 말을 돌렸다.

"내 생일? 음력 7월 11일이란다. 너희들, 음력이 뭔지 알지?"

"네! 양력은 태양의 움직임을 중심으로 만든 달력이고, 음력은 달의 움직임을 중심으로 만든 달력이에요."

재각이가 몸을 일으키며 대답했다.

"들어 봤구나."

"기본 상식이죠, 뭐."

재각이가 우쭐대자 아저씨가 재각이의 머리를 쓰다듬으며 말을

143

이었다.

"양력은 지구가 태양의 주위를 한 바퀴 도는 데 걸리는 시간을 1년으로 잡았지? 음력은 달이 지구 주위를 한 바퀴 공전하는 데 걸리는 시간을 한 달로 잡는단다."

"양력은 1년을 주기로 정하고 음력은 한 달을 주기로 정하네요."

"더 정확히 말하면 우리가 쓰고 있는 음력은 태양과 달의 운동을 함께 생각해서 만든 태양태음력이란다."

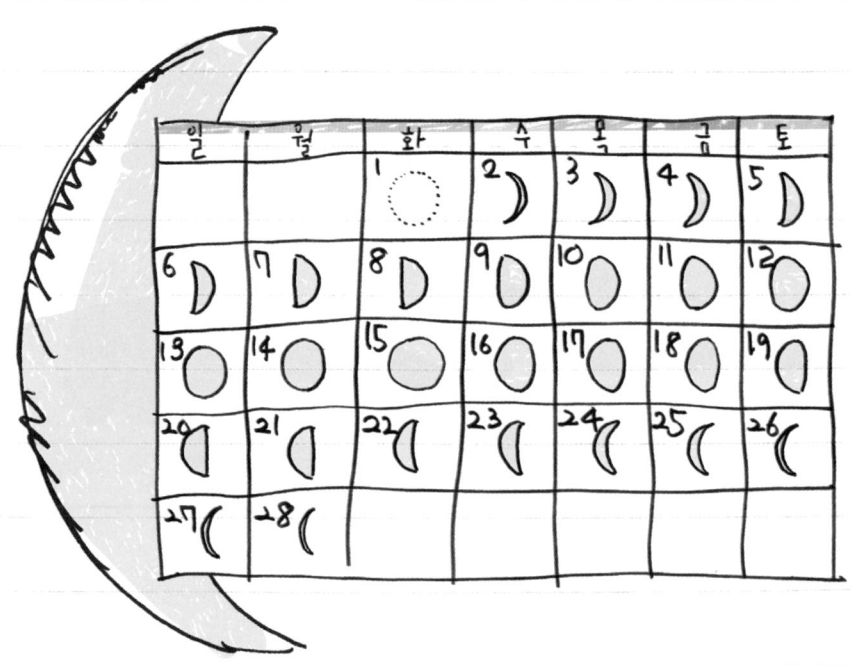

재각이가 분희에게 작게 속삭였다.

"음력은 너무 불편해. 우리 할아버지가 생일을 음력으로 쇠셔서 매년 놓치지 않으려고 내가 얼마나 신경을 곤두세우는데."

"너는 아빠 엄마 양력 생일도 잘 까먹잖아. 안 그래?"

분희가 재각이를 보고 웃는 사이 초이가 또 질문을 던졌다.

"왜 옛날 사람들은 음력을 썼어요?"

이번에는 분희가 나섰다.

보름달이 뜬 걸 보니 15일 무렵이구나.

"초이야, 나 알 것 같아. 달의 모습이 한 달 동안 눈에 띄게 바뀌니까 그 모습을 관찰한 거 아닐까?"

"그래. **달의 모습이 규칙적으로 변하는 걸 오랫동안 관찰하다 보니, 초승달이 뜨면 새로운 달이 시작되고 보름달이 뜨면 그 달의 중순인 15일이라는 걸 알 수 있었지.** 그래서 인류는 시계나 달력이 생기기 전에 오랫동안 음력으로 날짜를 헤아렸단다."

"아빠, 지금은 정확한 달력과 시계가 있는데 아직도 음력을 사용하는 이유가 뭐예요?"

"풍습 때문이지. 달력이 없던 옛날에는 태어난 날짜를 음력으로만 기억했단다. 그래서 아직도 명절이나 생일을 음력으로 지내는 경우가 많아."

"저희 외할아버지도 생일을 음력으로 쇠셔서 엄마가 늘 헷갈렸다고 했어요. 놓친 적도 있고."

"응? 외할아버지? 입양됐는데 외할아버지를 아니?"

아저씨는 전에 초이가 한 말을 잊은 듯 물었다.

"아, 그게……."

초이가 어떻게 대답하나 망설이는 걸 보고 분희가 나서서 말을 돌렸다.

"달력의 규칙이야 어쨌든 저는 억울해요. 저도 다른 친구들처럼 해마다 생일 축하해 주세요."

"외할아버지, 아니, 아저씨, 그렇게 해 주세요. 제 생일이 4년에 한 번이라면 진짜 섭섭할 것 같아요."

"올해를 포함해서 앞으로 3년간 2월 29일이 없으니까, 세 번의 생일잔치를 한 번에 해 주면 어떨까? 내가 미국에 있는 동안 못 챙겨 준 작년 생일까지 합쳐서 네 번 축하해 주면 되겠다. 아저씨, 허락해주세요. 네?"

초이와 재각이까지 나서자 아저씨가 조금 당황했다.

"허허, 녀석들. 태어난 날이 아닌데 생일이라고 해도 되겠니? 정원한다면 그렇게 하자."

분희의 얼굴이 환해졌다.

"고마워요, 아빠. 괜히 제가 어린애처럼 굴었어요. 음…… 그래도 생일은 꼭 축하해 주셔야 돼요."

"그래, 그러자. 앞으로 아빠가 꼭 챙겨 줄게. 말이 나온 김에 빵집에 다녀올 테니 잠깐만 기다려 보거라."

"아저씨, 제가 도와 드릴게요. 같이 가요."

재각이가 아저씨를 따라나섰다. 문을 나서는 아저씨와 재각이의 뒷모습을 보고 초이가 시무룩하게 말했다.

"분희야, 나는 지금 가진 게 없어서…… 우리가 나중에 만나면 꼭 축하해 줄게."

"너 정말이지? 나중에 모르는 척하면 나 삐칠 거다."

147

　분희가 장난스럽게 말하자 초이도 활짝 웃었다. 둘이서 집을 정리하는 사이 아저씨와 재각이가 돌아왔다. 양손에 케이크 상자를 하나씩, 모두 네 개나 들고 있었다.

　"아니, 케이크가 대체 몇 개야?"

　재각이는 분희가 놀라든 말든 아랑곳없이 케이크 네 개를 꺼냈다. 아저씨도 미소를 띤 채 네 개의 케이크에 각각 초를 꽂고 불을 붙었다.

"긴말 할 거 없고, 자, 노래부터 시작! 생일 축하합니다. 생일 축하합니다. 사랑하는 분희의 생일 축하합니다."

재각이가 대답과 동시에 노래를 불렀다. 초이와 아저씨도 노래를 따라 불렀다.

"후아, 후아, 후아, 후아."

노래가 끝나자 분희가 네 개의 케이크에 꽂힌 촛불을 하나씩 불어 껐다. 분희의 눈에 다시 눈물이 맺혔다.

"아빠, 고맙습니다. 애들아, 고마워."

"뭘. 참, 나 너희한테 할 말이 있어."

재각이가 힘차게 말했다.

"뭔데?"

"나 겨울에 호주에 안 가게 됐어. 출장 기간이 짧아서 아빠만 다녀오신대. 잘됐지?"

"아! 겨울에도 같이 놀 수 있겠네. 신난다."

"재각이가 분희한테 가장 큰 생일 선물을 줬네. 안 그래, 초이야?"

아저씨가 초이에게 눈을 찡긋했다.

"초이, 재각이, 아빠랑 같이한 오늘 생일을 정말 잊을 수 없을 거야."

"그럼 기념사진을 남겨야지. 초이야, 우리 사진 좀 찍어 줘."

재각이가 어느새 폴라로이드 사진기를 가져와 초이에게 건넸다.

초이가 카메라를 들자 아저씨와 재각이가 분희 곁에 섰다.

"자, 찍을게요. 왓치, 너도 움직이지 마. 하나, 둘, 셋!"

'찰칵!'

초이의
시간 여행
퀴즈4

분희의 생일은 2월 29일이라
4년에 한 번밖에 돌아오지 않습니다.
4년에 한 번씩만 2월 29일이 끼어 있는
이유가 뭘까요?

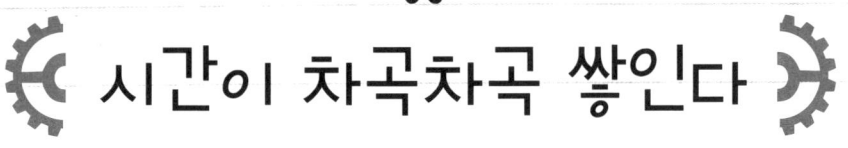

시간이 차곡차곡 쌓인다

'주룩주룩.'

어젯밤부터 내리기 시작한 봄비가 아침까지 계속됐다.

"분희야, 초이야, 일어나야지! 벌써 7시다."

"조금만 더요. 일요일이잖아요."

방문 밖에서 아저씨가 소리쳤지만 분희와 초이는 여전히 이불을 뒤집어쓰고 있었다. 방 안에 빗소리가 조용히 울려 퍼졌다.

'똑, 똑, 똑.'

"앗, 차가워!"

초이가 화들짝 놀라 눈을 떴다. 초이 얼굴에 빗방울이 떨어지고 있었다.

"웬 물이지?"

그 순간 천장에서 물이 또 한 방울 떨어졌다. 왓치가 어느새 초이 곁에 다가와 바닥에 떨어진 물을 핥았다. 초이의 목소리에 분희가 부스스 일어났다.

"초이야……, 왜 그래?"

"비가 새나 봐."

초이가 이불로 얼굴을 닦으며 말했다. 분희도 천장을 올려다봤다.

'똑, 똑, 똑.'

"으앗! 계속 떨어져."

"잠깐 기다려 봐. 아빠한테 말씀드려야 할 것 같아."

그때 마침 방문이 열리고 아저씨가 들어왔다. 손에는 빈 분유 통이 들려 있었다.

"저런. 혹시나 했는데 역시 새고 있었구나. 작년 장마 이후에 방수 칠을 안 해 뒀더니 물이 새네.

시간의 규칙을 찾아서

잠시 이걸 받쳐 놓자.”

아저씨가 물이 떨어지는 자리에 빈 분유 통을 놓았다.

‘통, 통, 통.’

“분희야, 초이야, 너희 앞집 수리공 아저씨 좀 모셔 올래? 지금
계실지 모르겠지만.”

“네.”

분희와 초이는 서둘러 수리공 아저씨를 찾아갔다. 하지만 수리공
아저씨의 집 앞에는 ‘출장 중’이라는 팻말이 붙어 있었다.

6. 시간이 차곡차곡 쌓인다

"벌써 나가셨네. 다른 집에 수리하러 가셨나 봐."

"어쩔 수 없지. 일단 집으로 가자."

분희와 초이는 쏟아지는 비를 헤치고 집으로 돌아왔다. 천장에선 여전히 물이 떨어지고 있었다. 아저씨가 방바닥에 떨어진 물을 닦으며 말했다.

"안 계시니? 오늘은 우선 저 통으로 받쳐 놓자꾸나. 나는 작업실에 올라가서 시계에 습기가 찼는지 확인하고 올게. 다른 데서 또 물이 새면 이야기하렴."

"네. 저희는 숙제하고 있을게요."

분희와 초이는 우선 방 안을 정리했다.

"분희야, 숙제해야 돼?"

"응. 나 좀 도와줘. 동시를 지어야 돼."

분희는 가방에서 공책과 연필을 꺼냈다.

"재미있겠다. 같이 해 보자."

학교에 가지 못하는 초이는 분희의 숙제가 오히려 반가웠다.

"봄을 떠올리면서 동시를 짓는 게 숙제야. 가장 멋진 시를 써 온 사람에게 상을 주신대."

"봄? 봄비에 대해 써 볼까……."

분희와 초이는 방바닥에 앉아 각자 생각에 잠겼다. 대화를 멈추자 주변의 소리가 귀에 잘 들어왔다.

'째깍, 째깍, 째깍, 째깍.'

'똑.'

'째깍, 째깍, 째깍, 째깍.'

'똑.'

"냐아옹."

한참 주변의 소리를 듣던 분희에게 재미있는 생각이 떠올랐다.

"초이야, 나 신기한 걸 알아낸 것 같아."

"뭔데?"

"시계 소리하고 분유 통에 떨어지는 물방울 소리 말이야. 잘 들어 봐. 굉장히 재미있어."

초이도 소리에 귀를 기울였다.

"물방울 소리와 시계 소리가 규칙적이네? 겹치기도 하고."

"잘 들어 보면 시계의 초침이 네 번 째깍거릴 때 물이 한 방울 떨어져."

분희가 씨익 웃으면서 말을 이었다. 초이가 눈을 감고 다시 소리에 집중했다.

'똑.'

'째깍, 째깍, 째깍, 째깍.'

'똑.'

'째깍, 째깍, 째깍, 째깍.'

“정말이네! 물방울이 4초에 한 방울씩 떨어져. 물방울이 규칙적으로 떨어지니까 물방울도 시계가 될 수 있겠다.”

초이가 눈을 반짝이며 말했다.

“하하. 물방울 시계? 그거 말 된다.”

분희는 물방울 시계라는 말이 재미있어서 입으로 되뇌었다.

“봄비랑 물방울 시계……. 잠깐만, 나 시상이 떠올랐어.”

분희는 공책에 생각을 끄적이기 시작했다. 초이가 궁금해서 공책을 보려는 순간 분희가 고개를 들었다.

"다 썼지롱. 들어 봐."

그때 재각이가 큰 소리로 분희를 부르며 들어왔다. 우산을 제대로 쓰지 않았는지 어깨가 다 젖어 있었다.

"지금 너한테 전화하려고 했는데. 우리가 멋진 동시를 지었거든. 한번 들어 볼래?"

"진짜? 어쩐지 너희 집에 놀러 오고 싶더라. 텔레파시가 통했네."

재각이가 분희를 보고 활짝 웃었다.

"재각아, 나는 안 보여?"

6. 시간이 차곡차곡 쌓인다

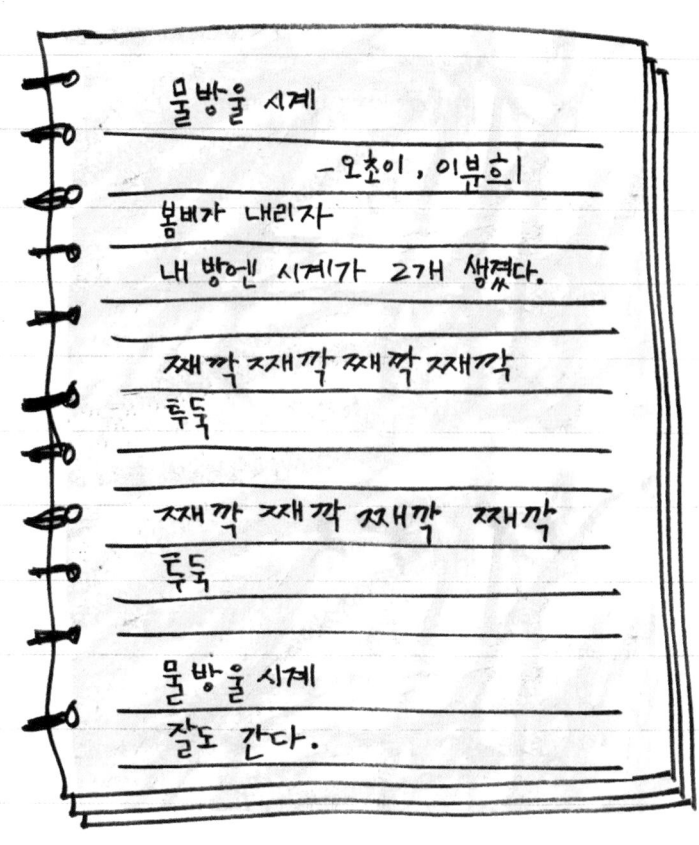

초이가 눈을 흘기자 재각이가 멋쩍게 웃으며 초이에게도 인사
했다.

"초이야, 안녕? 나 동시부터 들려줘."

"짝짝짝짝. 멋지다."

초이가 박수를 치며 좋아했다. 재각이 역시 고개를 끄덕이며 박수
를 쳐 주었다.

"이게 바로 물방울 시계구나."

재각이는 방에 받쳐 둔 분유 통을 바라보았다.

"응. 시계가 1초에 한 번 째깍거리는 것처럼 4초에 한 번씩 물방울 떨어지는 소리가 나. 들어 봐."

초이의 말에 재각이가 눈을 반짝이며 말했다.

"잠깐만, 이걸로 정말 시계를 만들 수도 있겠어."

초이와 분희가 의아해하자 재각이가 두 사람을 번갈아 보며 천천히 말을 이었다.

"생각해 봐. **물방울이 4초에 한 방울씩 떨어진다면 우선 4초를 잴 수 있어. 그렇지?**"

"응. 그런데?"

"**만약 물방울이 4초마다 한 번씩 다섯 번 떨어지면, 4초×5=20초야. 그리고 물방울이 열 번 떨어지면 4초×10=40초거든.** 그럼 1분도 잴 수 있잖아. 1분은 60초니까."

"내가 해 볼래. **60초÷4초=15니까 물이 15방울 떨어지면 1분이구나!**"

초이가 무릎을 치며 말했다.

"맞아. 물의 양으로도 한번 생각해 볼까. 1분에 15방울이 떨어지니까, 10분이 지나면 15방울×10=150방울, 30분이 지나면 15방울×30=450방울, 60분이 지나면 15방울×60=900방울이야."

$$\text{💧} = 4\text{초}$$

$$\text{💧💧💧💧💧} = 4\text{초} \times 5\text{방울} = 20\text{초}$$

$$\text{💧💧💧💧💧}\atop\text{💧💧💧💧💧} = 4\text{초} \times 10\text{방울} = 40\text{초}$$

$$\text{💧💧 💧💧💧}\atop\text{💧💧 💧💧💧}\atop\text{💧💧💧💧💧} = 4\text{초} \times 15\text{방울} = 60\text{초} = 1\text{분}$$

초이가 덧붙였다.

"물방울이 계속해서 일정하게 떨어지면 물의 양이 일정하게 늘어나네. 그럼 물이 얼마나 고였는지를 보면 시간을 알 수 있겠다. 미리 물의 양을 표시해 두면 다음에 시계로 사용할 수 있고."

초이는 이제야 '시계를 만들 수 있다'는 재각이의 말이 이해됐다.

"내 말이 그 말이야! 초이 네가 내 마음을 읽다니."

시간의 규칙을 찾아서

재각이가 초이를 바라보고 소리쳤다.

"웬일이야, 둘이? 맨날 아웅다웅하더니."

"에이, 우리가 언제."

분희의 말에 초이와 재각이는 피식 웃었다. 물론 어린 시절의 아빠이지만, 초이에게는 아빠의 칭찬이 반가웠다. 아빠가 말한 물방울 시계를 직접 만들어서 더 큰 칭찬을 받고 싶어졌다.

"우리 지금 당장 만들어 보자."

"좋아!"

재각이가 고개를 끄덕이며 분유 통을 들고 나가 물을 쏟아 냈다. 분희는 비의 양을 표시할 유성 펜을 꺼내 왔다. 초이가 빈 분유 통과 유성 펜을 들고 떨어지는 물방울을 올려다보며 말했다.

"음…… 지금부터 물방울 수를 셀까?"

그 말에 분희가 고개를 저었다.

"아니. 물방울 수를 세다가 놓칠 수도 있잖아. 시계를 보고 10분마다 늘어난 물 높이를 표시하는 게 어때?"

"나도 그게 더 정확할 것 같아. 이제부터 10분 간격으로 눈금 표시를 하자."

이번에는 초이가 고개를 저었다.

"분유 통은 바깥에서 물 높이가 잘 보이지 않아. 분희야, 속이 들여다보이는 통은 없니?"

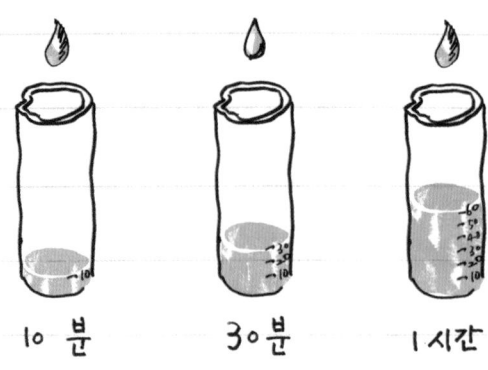

10 분　　　3O 분　　　1 시간

"꼭 분유 통처럼 생겨야 되는 거야?"

"아니. 윗면과 아랫면의 넓이가 일정한 기둥 모양이면 돼."

"원통 모양의 유리병이 있어. 잠깐만."

초이는 분희가 가져온 유리병을 분유 통을 놓았던 자리에 놓았다.

그리고 10분이 지날 때마다 물 높이를 표시했다. 그렇게 한 시간이

고인 물의 양을
눈금으로 표시하자.

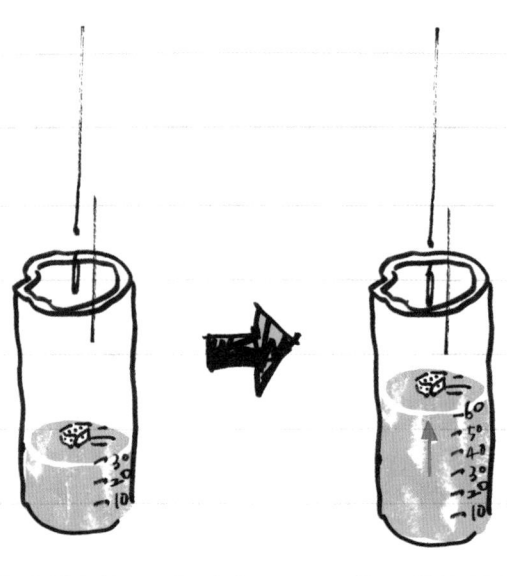

지나자 유리병에 일정한 간격으로 6개의 선이 그려졌다.

"60분! 한 시간이 지났어! 이제 물 높이만 봐도 10분 단위로 시간을 알 수 있겠다."

재각이가 큰 소리로 외쳤다. 밖에는 여전히 비가 세차게 내리고 있었다. 재각이의 외침에 졸고 있던 왓치가 일어나 유리병 가까이 다가왔다. 왓치가 유리병을 향해 앞발을 뻗었다.

"이야옹."

"왓치, 왜 그래?"

왓치가 바라보는 것은 물 위에 떠 있는 작은 스티로폼 조각이었다.

"어? 여기 스티로폼 조각이 떠 있어."

163

초이가 분희와 재각이에게 말했다.

"초이는 시계를 보고 있어서 몰랐구나. 이거 아까부터 있었어. 처음에는 바닥에 있다가 물이 차오르면서 점점 떠올랐잖아."

"나도 봤어. 저걸 보니까 왠지 장영실이 된 것 같지 않니?"

재각이가 갑자기 신이 난 듯 말했다. 초이와 분희는 고개를 갸우뚱했다.

"장영실이라면 조선 시대 과학자잖아. 장영실은 갑자기 왜?"

"장영실은 우리나라 최초로 자동 물시계를 발명한 분이야. 설마 우리나라 최초의 자동 물시계를 모르는 건 아니지?"

재각이가 으스대며 말하자 초이의 머릿속이 복잡해졌다.

"아…… 알아! 자…… 뭐였지? 자…….

"하하. 그것도 몰라? 자격루!"

"그래, 자격루. 나도 알아. 잘난 척하기는."

초이는 자기를 놀리는 재각이가 얄미워 눈을 흘겼다.

"에그. 둘이 친해진 줄 알았더니. 잠깐만 있어 봐. 음…… 자격루 앞에서 찍은 사진이 있었는데…….

분희는 앨범을 꺼내서 사진 한 장을 찾았다. 사진 속 분희와 아저씨 뒤쪽에 자격루가 보였다.

"예전에 아빠랑 덕수궁에 놀러 갔다가 찍은 사진이야."

"맞아, 저 안에 물통이 있다고."

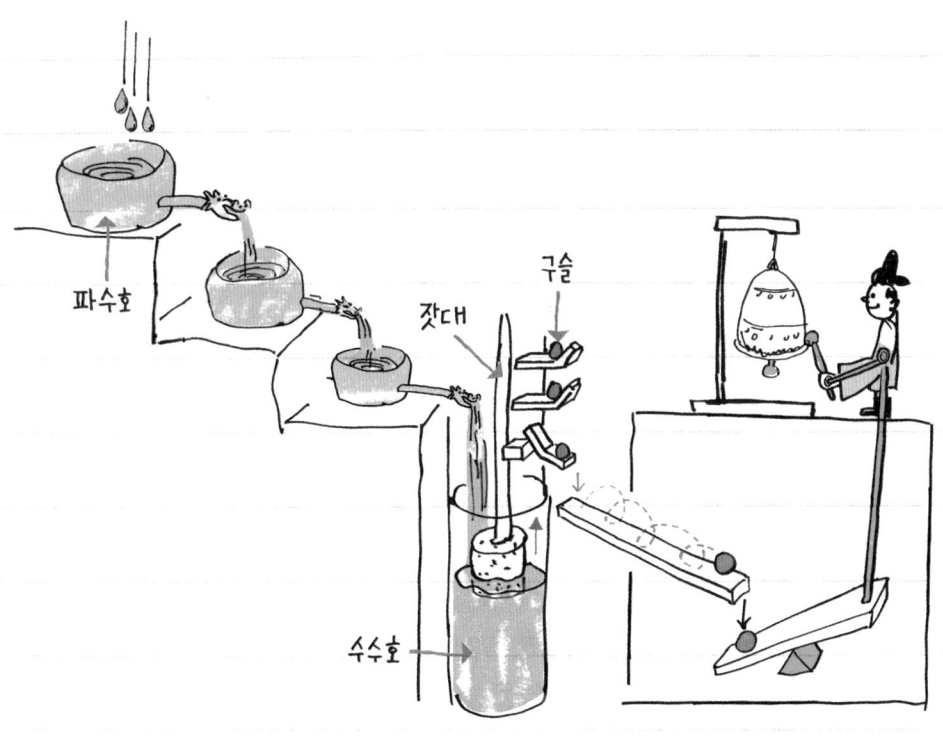

파수호

구슬

잣대

수수호

재각이는 작게 중얼거리면서 사진 속 자격루를 들여다보았다. 분
희가 기억을 더듬으며 말을 이었다.

"맑은 날에는 해시계를 쓸 수 있지만 오늘처럼 비가 오는 날에는 해
시계를 쓸 수가 없었대. 그래서 일정한 양의 물을 떨어트려서 시간을
재는 물시계를 만들었다고 해. 기록에 따르면 우리 조상들은 신라 시
대 때부터 물시계를 사용했고 세종 대왕 시절에 장영실과 과학자들이
자동으로 시간을 알리는 자격루를 만들었어."

"자동으로? 어떻게 시간을 자동으로 알릴 수가 있어?"

초이가 분희에게 물었다. 이번에는 재각이가 나섰다.

"그건 내가 설명할게. 며칠 전에 장영실에 관한 책을 읽었거든. **파수호라는 물 항아리에서 물이 떨어지면 좀 더 작은 항아리를 거쳐서 수수호라는 기다란 통 안에 물이 조금씩 일정하게 차올라.** 우리가 빗물을 받은 유리병처럼 말이야. **수수호 안에 잣대라는 나무 막대가 들어 있는데, 물이 차오르면 잣대가 위로 떠오르지.**"

"잣대가 떠올라? 유리병 안에 들어 있던 스티로폼처럼?"

분희의 물음에 재각이가 고개를 크게 끄덕였다.

"응. 그런데 잣대는 위로 떠오르면서 구슬을 건드리도록 설치되어 있어. 구슬이 떨어지면서 종을 쳐서 시간을 알리는 거고."

"아하, **물이 차오르면 잣대가 떠올라 구슬을 건드리고, 구슬이 떨어지면서 종을 치는구나.** 정말 기발한데?"

초이의 머릿속에 자격루의 원리가 쉽게 그려졌다.

"감탄할 시간 없어. 비가 그치기 전에 우리가 만든 물방울 시계를 사용해 보자."

재각이가 유리병의 물을 비우면서 아이들을 재촉했다. 분희가 서둘러 나무 쌓기 보드게임을 꺼냈다.

"한 시간 동안 게임을 하고 그 안에 나무 기둥을 가장 덜 넘어뜨린 사람에게 상을 주는 게 어때?"

"좋아. 지금부터 시간을 잴게."

재각이는 그 말과 동시에 눈금이 그려진 유리병을 빗방울이 떨어지는 곳에 내려놓았다.

'투둑, 투둑.'

다시 유리병에 빗물이 고이기 시작했다. 한창 게임에 열중하고 있을 때 왓치의 울음소리가 들렸다.

"야옹."

시간을 잊고 게임을 하던 셋이 일제히 유리병을 쳐다봤다. 물이

비가 그치면서 물방울이 처음보다 조금씩 떨어진 거야.

60분을 가리키는 눈금 가까이 차 있었다.

"벌써 한 시간이 다 됐구나. 내가 이긴 것 같아!"

초이가 신나서 소리를 질렀다. 그런데 시계를 올려다보니 게임을 시작한 지 한 시간하고도 20분이 더 지나 있었다.

"어, 이상하다. 물시계가 틀렸어. 왜지?"

재각이와 초이가 서로 마주 보고 생각에 잠겼다. 그때 분희가 일어나서 창문을 활짝 열었다.

"얘들아, 이것 봐. 비가 거의 그쳤어."

1 시간

4초에 한방울

1 시간

8초에 한방울

1 시간

"아! 비가 그치면서 물이 조금씩 떨어지게 된 거야."

재각이가 고개를 끄덕였다.

"그게 무슨 말이야?"

의아해하는 초이에게 재각이가 설명했다.

"초이야, 어렵지 않아. 우리가 유리병에 눈금을 그릴 때는 4초마다 물 한 방울이 떨어졌잖아. 그런데 빗줄기가 약해지면서 같은 시간 동안 물방울이 적게 떨어진 거야."

분희도 거들었다.

"예를 들어, 빗물의 양이 줄어서 8초에 한 방울씩만 떨어진다고 생각해 봐. 그럼 한 시간이 지나도 우리가 표시한 눈금의 반밖에 차지 않을 거야."

초이는 그제야 물시계가 틀린 이유를 알 수 있었다.

"빗물의 양이 줄어서 물이 차오르는 데 더 많은 시간이 걸린 거구나. 그럼 물시계는 물이 떨어지는 양이 늘 일정해야겠네. 너희가 알려주니까 참 쉽다."

초이가 방긋 웃으며 말을 이었다.

"우리가 만든 물시계에 이름을 붙여 줄래. '차곡차곡 물시계' 어때? 물방울이 차곡차곡 쌓여서 시간을 알려 준다는 뜻이야."

"오, 괜찮은데. 초이 너, 이름 좀 짓는다."

분희가 엄지손가락을 세웠다.

"차곡차곡 물시계라고 하니까 생각났는데, 나한테도 재미있는 시계가 있어. 보여 줄게."

재각이가 가방에서 수건 뭉치를 꺼내면서 말했다.

"뭔데 그렇게 수건으로 꽁꽁 싸맸어?"

"앗, 모래시계잖아!"

재각이가 수건 뭉치에서 꺼낸 것은 모래시계였다. 장구처럼 가운데가 잘록한 유리그릇에 은빛 모래가 들어 있었다. 초이의 머릿속에 미래에서 있었던 일이 떠올랐다. 그동안 깨진 모래시계를 까맣

시간의 규칙을 찾아서

게 잊고 있었다. 분희는 그런 초이의 맘을 아는지 모르는지 모래시
계를 이리저리 뒤집어 보고 있었다.

"와, 모래가 정말 곱다. 꼭 은빛으로 빛나는 것 같아."

"하하. 오재각 님의 모래시계가 좀 멋있지?"

재각이가 팔짱을 끼며 으스댔다.

"내가 제일 아끼는 모래시계야. 아빠가 이집트에서 사 오신 건데
이집트 사막의 최고급 모래를 사용했대."

"최고급 모래는 뭐가 다른 거야?"

"물이 일정하게 떨어져야 정확한 물시계가 되는 것처럼, 모래시계도

모래가 일정한 양씩 떨어져야 정확하게 시간을 잴 수 있거든. 그래서 알갱이 크기가 거의 비슷하고 습기가 없는 모래를 넣는대.”

초이도 손을 뻗어 재각이의 모래시계를 뒤집어 보았다.

‘쏴아.’

고운 모래가 천천히 떨어지기 시작했다. 그때 아저씨가 마실 것을 가지고 들어왔다.

“애들아, 이제 비 안 새지? 하늘이 맑게 갰다.”

“아저씨, 안녕하세요. 저희들이 물방울 시계를 만들었어요.”

재각이가 인사하자, 아저씨가 물방울 시계를 보며 고개를 끄덕였다.

“아빠, 재각이의 모래시계 좀 보세요. 멋지죠?”

“잠깐만. 내가 다른 모래시계도 보여 주마.”

아저씨는 작업실에 올라가서 여러 가지 크기의 모래시계를 들고

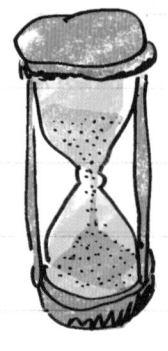 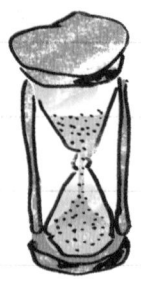 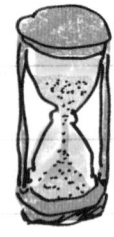 

4시간   2시간   1시간   30분

시간의 규칙을 찾아서

내려왔다.

"재각이 것보다 큰 것도 있고 작은 것도 있네요."

아이들은 모래시계를 크기별로 나란히 세웠다. 초이가 모래시계에 들어 있는 모래를 들여다보며 중얼거렸다.

"큰 모래시계에는 모래가 더 많이 담겨 있네. 그럼 더 긴 시간을 잴 수 있나?"

"그렇지, **허리 부분의 폭이 같다면. 이 중에서는 4시간짜리에 가장 많은 모래가 담겨 있어.** 2시간짜리는 당연히 모래의 양이 그보다 적고, 1시간짜리에는 그보다 더 조금 들어 있단다. 3분을 잴 수 있는 더 작은 모래시계도 있었는데 예전에 재각이 아버지한테 두 개 선물했단다. 재각아, 그거 잘 쓰고 있니?"

"네. 하나는 계란 삶을 때 쓰려고 부엌에 두었고, 또 하나는……."

재각이가 쭈뼛쭈뼛 말을 이었다.

"그게…… 내가 양치질을 하도 대충 해서 말이야. 아빠가 3분 동안 시간을 재면서 하라고 화장실에 두셨어."

"뭐?"

"그게 정말이야?"

재각이의 말에 모두가 한바탕 크게 웃었다.

아저씨가 나간 뒤 초이가 조심스럽게 말문을 열었다.

"얘들아, 나 사실 과거로 올 때 깨진 모래시계를 들고 왔어. 나도 모르게 모래시계를 훔쳐 왔다가 집에서 깨트리고 말았거든. 그 바람에 모래시계 속 모래가 오래된 일기장에 쏟아졌어. 그때 굉장히 시끄러운 시계 초침 소리가 들렸는데, 아마 그 순간에 과거로 이동한 것 같아.”

“혹시 내 책상 아래에 둔 모래시계가 그거니?”

분희가 묻자 초이가 고개를 끄덕였다.

“네 추측이 맞다면 그 모래시계 때문에 시간 여행을 하게 된 거네. 그 모래시계를 고치면 다시 돌아갈 수 있지 않을까?”

재각이가 마치 탐정처럼 진지한 얼굴로 말했다. 초이는 그 말에 눈이 동그래졌다. 모래시계를 고치는 건 지금까지 생각지도 못한 방법이었다.

“잠깐만. 내가 가져올게.”

분희는 초이를 돕고 싶은 마음에 깨진 모래시계를 찾아왔다. 초이와 분희, 재각이가 모래시계를 앞에 두고 동그랗게 모여 앉았다. 하지만 깨진 모래시계 안에는 모래가 하나도 남아 있지 않았다.

“모래가 모두 쏟아져서 텅 비어 버렸어. 나는 이제 돌아갈 수 없는 건가 봐.”

초이가 왈칵 울음을 터트렸다. 분희는 어떻게 할지 몰라서 울먹이는 초이를 바라보고만 있었다. 한참 동안 말이 없던 재각이가 초이에게 자신의 모래시계를 건넸다.

"이 모래시계를 너에게 줄게. 이 안에 들어 있는 모래를 네 모래
시계에 넣고 깨진 부분을 랩으로 감싸자. 크기도 비슷하니까 모래
를 다 넣으면 되겠다."

초이는 재각이의 말에 깜짝 놀라 울음을 멈췄다.

"하지만 이건 네가 아끼는 모래시계잖아."

"괜찮아. 너, 집으로 돌아가고 싶잖아."

"정말 고마워, 재각아."

초이의 가슴 한편이 뜨거워졌다. 재각이가 공구함에서 망치를 가져와 모래시계의 유리 한쪽을 깼다. 그리고 초이의 모래시계 안에 모래를 쏟아부었다. 분희는 부엌에서 가져온 랩으로 깨진 부분을 감싸 붙였다.

"와, 감쪽같아."

모래시계를 세워 놓자 모래가 아래로 떨어졌다.

"그런데 이제 어떻게 하지? 모래시계를 고쳤는데도 아직 과거에 있는데……."

초이가 생각에 잠겼다.

"분명히 무언가 다른 조건이 필요할 거야. 그건 다시 천천히 생각해 보자."

분희가 초이를 위로하면서 밝게 웃었다.

"그래. 일단 모래시계를 고쳤잖아. 오늘도 정말 많은 일이 있었네. 초이가 온 뒤 하루하루가 재미있어. 난 집에 갔다가 내일 또 놀러 올게."

재각이가 집에 가고 나서 분희와 초이는 잠자리에 들었다.

"초이야, 아무 생각 말고 오늘은 편히 자. 알겠지?"

"으응. 잘 자, 분희야. 여기서 너를 만나서 정말 다행이야."

하지만 초이는 과거로 오던 그날을 생각하느라 잠을 이룰 수가 없었다.

시간의 규칙을 찾아서

부피로 시간을 잰다, 모래시계

　최초의 시계는 기원전 3000년에 이집트에서 쓴 해시계로 알려져 있습니다. 해시계는 낮 동안 막대의 그림자 방향이 변하는 것을 눈금으로 표시해 시간을 측정하는 장치입니다. 그 후 그림자의 길이로 시간은 물론이고 계절까지 가늠할 수 있는 정교한 해시계도 만들어졌습니다. 물론 해시계는 해가 없는 밤이나 비 오는 날에는 사용할 수 없었지요. 그런 불편을 없애기 위해 일정한 양의 물이 흐르도록 만들고 고인 물의 부피로 시간을 재는 물시계가 고안되었습니다. 하지만 긴 시간을 재기 위해서는 큰 물그릇이 필요했기 때문에 물시계는 휴대하기 어려웠습니다. 이런 단점을 보완하기 위해 만들어진 것이 바로 모래시계입니다.

　8세기에 프랑스의 성직자 라우트프랑은 허리가 잘록한 유리병 안에 크기가 균일하고 잘 마른 모래를 넣어 모래시계를 만들었습니다. 물의 부피 대신 모래의 부피로 시간을 재는 원리입니다. 모래시계는 유리병 안의 모래가 위쪽에서 아래쪽으로 모두 떨어질 때까지의 시간이 늘 일정하기 때문에 단위 시간을 재는 데 편리합니다. 뒤집으면 곧장 다시 시간을 잴 수 있고, 크기가 작아 휴대하기도 좋지요. 모래시계는 현재까지도 달걀을 삶을 때와 같이 일정한 시간을 잴 때 널리 쓰이고 있습니다.

하늘을 도는 별자리 시계

"학교 다녀왔습니다!"

"분희 왔니?"

"네. 그런데 초이는요?"

분희가 책가방을 던지듯이 내려놓고 초이를 찾았다.

'어제 초이가 잠을 못 자고 계속 뒤척였는데, 혹시 혼자 어디로 가 버린 건 아니겠지.'

분희는 초이가 떠났을까 걱정되어 집 안을 살피기 시작했다.

"아저씨, 다 됐어요."

그때 초이가 큰 종이백을 들고 2층 작업실에서 종종걸음으로 내려왔다. 분희는 안도하며 초이에게 물었다.

"초이야, 그게 뭐야?"

"아저씨께서 수리하신 시계야. 가지고 내려오라고 하셔서."

"너희들 그 시계 좀 배달하고 오렴."

"배달이오?"

분희와 초이가 시계를 한 번 보고 다시 아저씨를 쳐다봤다.

"응. 약초 할머니께서 시계를 맡기셨는데 오늘 꼭 필요하다고 전화를 하셨지 뭐니. 건전지는 넣지 않았다고 말씀드리거라. 나는 중요한 약속 때문에 지금 나가 봐야 해. 부탁한다."

"알겠어요, 아빠. 약초 할머니가 뒷산 꼭대기에 살고 계시지요?"

분희가 가끔 약초를 들고 오시는 약초 할머니를 떠올리며 말했다.

"그래. 그렇게 높은 곳은 아니니 운동 삼아 다녀오렴."

"얼마나 걸리는데요?"

"우리 걸음으로 한 시간 반 정도면 올라갈 수 있어. 그렇죠, 아빠?"

"응. 재각이가 뒷산에 자주 간다고 해서 재각이에게도 와 달라고 부탁했단다. 재각이가 등산로를 잘 알고 있을 거야."

"재각이도요?"

재각이가 온다는 말에 분희의 표정이 밝아졌다. 그런 분희를 보고 초이도 미소를 지었다.

'엄마도 어릴 때부터 아빠를 좋아했구나.'

초이는 많이 걷는 걸 싫어하는 데다가 어른 없이 산에 간다는 게 걱정됐다. 하지만 그동안 자기를 돌봐 준 외할아버지의 심부름을 멋지게 해내고 싶었다.

"저희가 잘 배달하고 올게요. 걱정 마세요."

초이가 힘차게 대답했다.

"고맙다."

"참! 왓치도 함께 가도 돼요?"

"그럼, 왓치만 괜찮다면야."

"너도 좋지, 왓치?"

왓치가 초이의 말을 알아들은 듯 주변을 뱅글뱅글 돌았다.

"얘들아, 나 왔어!"

"마침 딱 맞춰 왔네."

분희가 대문을 열자 재각이가 등에 커다란 배낭을 메고 마당에 들어섰다.

"하하하. 너 에베레스트 산 올라가도 되겠다."

초이가 재각이를 보고 깔깔거리자 분희도 따라 웃었다.

"멋지지? 우리끼리 뒷산을 정복하기 위해 내가 단단히 준비해 왔지."

재각이는 탐험가라도 된 듯이 자신의 묵직한 배낭을 아이들에게 들이밀며 말했다.

"거기 삐져나온 과자나 잘 넣고 말해."

초이가 과자로 가득한 재각이의 배낭을 들여다보며 말했다.

"산에 가서 배고프면 어떻게 하려고 그래? 비상식량은 꼭 필요하다고! 너 나중에 먹기만 해 봐."

"쳇, 혼자 많이 먹어. 가방이 무거우면 더 힘들 텐데."

초이와 재각이가 투닥거리는 사이 아저씨의 목소리가 들렸다.

"가는 방법을 알려 줄 테니 잘 들으렴."

아이들의 눈이 아저씨에게 향했다.

"집 뒷마당으로 나가면 약수터로 올라가는 길이 있지? 약수터에서 이정표를 따라 등산로로 쭉 올라가면 된단다. 등산로 밖으로 나가면 위험한 거 알지? 산에서는 해가 일찍 지니 서두르렴."

"제가 등산로를 잘 아니까 걱정 마세요."

재각이가 씩씩하게 대답했다.

"그래, 그럼 잘 다녀오너라."

"다녀오겠습니다."

셋은 합창하듯이 인사하고 집을 나섰다.

"왠지 모험을 떠나는 기분이야."

초이가 신이 나서 말했다.

"맞아."

"이야옹."

재각이와 왓치도 맞장구를 쳤다.

"얘들아, 우리 놀러 가는 게 아니라 시계 배달 가는 중이거든."

초이와 재각이에게 핀잔을 주었지만 분희도 내심 기대되는 표정이었다. 신나게 걷다 보니 어느새 약수터 길에 접어들었다.

"난 벌써 힘들어. 우리 약숫물 한 모금씩 마시고 가자."

초이가 약수터로 먼저 다가가며 말했다.

"좋아."

아이들은 각자 바가지에 물을 한가득 담아 꿀꺽꿀꺽 소리가 나도록 마셨다. 초이는 두 바가지나 더 들이켰다.

"캬아, 시원하고 달아."

"이쪽으로 가면 돼."

재각이가 약수터 옆에 있는 표지판을 가리키며 말했다. 초이가 좋은 생각이 났는지 손가락을 튕겼다.

"우리 꼴등 한 사람이 1등의 소원을 들어주기로 하자!"

"좋아!"

분희와 재각이도 찬성했다.

"그럼 내가 먼저 가야지."

초이가 재각이와 분희를 앞질러 걸었다.

"무슨 소리! 1등은 내 거라고."

재각이가 질세라 초이 앞으로 달려 나갔다.

"누가 할 소리!"

분희도 지지 않겠다는 듯 재각이와 초이를 따라갔다. 초이, 분희, 재각이는 등산로를 따라 신나게 달렸다.

그렇게 한참 앞서거니 뒤서거니 하던 초이가 갑자기 멈춰 섰다.

"무슨 일이야?"

가장 앞서 가던 재각이가 초이를 돌아봤다.

"초이야, 너 어디 아파?"

분희도 따라와 물었다. 초이의 표정이 좋지 않았다. 두 아이가 멈춰 서자 초이가 머쓱한 미소를 지으며 대답했다.

"그게…… 화장실이 급해. 아까 약숫물을 너무 많이 마셨나 봐."

"뭐? 하하하."

재각이와 분희가 배를 잡고 웃기 시작했다.

"웃지 마. 난 급하다고."

"어, 미안. 숲 속에서 적당한 장소를 찾아봐."

분희가 애써 웃음을 참으며 말했다.

"어디 가지 말고 여기 있어. 뒤 돌아보지 말고."

초이는 왓치와 등산로를 벗어나 숲 안쪽으로 들어갔다. 풀이 우거져 있었지만 왓치와 함께 가니 무섭지 않았다.

"휴, 살았다. 왓치, 이제 가자."

하지만 숲에 함께 들어온 왓치가 보이지 않았다.

"왓치! 어디 갔지? 얘들아, 혹시 왓치 거기 있니?"

"아니, 없는데."

"왓치가 없어졌어!"

초이의 말을 듣고 분희와 재각이가 달려왔다.

"왓치가 없어졌다고?"

"분명히 여기 내려놓고 볼일을 봤는데 사라져 버렸어."

초이는 눈물이 그렁그렁한 채로 말했다.

"멀리 안 갔을 거야. 주변을 찾아보자."

"왓치! 왓치!"

아이들은 왓치를 찾아 한참이나 주변을 돌았다.

"냐아옹."

어둑어둑해질 무렵 멀리서 희미한 울음소리가 들렸다.

"얘들아, 잠깐만! 왓치가 저리로 갔어."

초이가 소리 난 쪽으로 달려갔다. 분희와 재각이도 초이를 쫓아갔다.

왓치는 커다란 바위 앞에서 서성이고 있었다. 그 곁에 약초 할머니가 힘없이 앉아 있었다. 고개를 들지 못하고 끙끙대는 걸 보니 어딘가 다친 모양이었다.

"약초 할머니!"

"할머니, 괜찮으세요?"

평소에 할머니를 알고 지내던 분희와 재각이가 할머니를 부르며 다가갔다.

"아이고, 분희랑 재각이구나. 너희들이 온다기에 좀 주려고 약초를 뜯으러 나왔다가 큰 나무뿌리에 걸려 넘어졌지 뭐냐. 발목이 부어서 걸을 수가 없구나. 그런데 너희들 나를 어떻게 찾았니?"

약초 할머니!

시간의 규칙을 찾아서

"왓치를 찾다가요. 여기 초이라는 친구가 키우는 고양이예요."

분희가 초이와 왓치를 가리키며 말했다. 할머니가 재각이의 부축을 받으며 일어나 천천히 걸음을 뗐다.

"좀 걸을 만하구나. 너희들 아니었으면 숲에서 꼼짝도 못할 뻔했지 뭐냐."

"저희가 집까지 모셔다 드릴게요."

"고맙다. 같이 올라가자꾸나."

"그런데 할머니, 집에 돌아가는 길 아세요? 왓치를 찾느라 등산로를 벗어났더니 길을 잘 모르겠어요."

재각이가 주변을 두리번거리며 말했다.

"흠, 나도 길을 잃는 바람에 정확히는 모르겠구나. 아마도…… 내가 집에서 남쪽 방향으로 한 시간 정도 내려왔으니 북쪽으로 한 시간 정도 올라가면 집 근처에 닿을 수 있을 거야."

"그런데 어디가 북쪽이에요?"

초이가 난감한 듯 주위를 둘러보았다. 산속에는 이미 어둠이 내려 있었다.

"잠깐! 내 가방에 나침반이랑 지도가 있어!"

재각이가 소리치고 가방을 뒤지기 시작했다.

"어, 왜 없지? 아…… 과자를 넣느라 책상에 그냥 두고 왔나 봐!"

"뭐야, 오재각!"

분희와 초이가 동시에 외쳤다.

"어떻게 해. 이제 정말 캄캄해졌어."

"아빠가 걱정하실 텐데."

"할머니, 죄송해요. 제가 나침반을 놓고 와서 어디로 가야 하는지 알 길이 없어요."

재각이가 고개를 푹 숙이고 말했다.

"재각아, 걱정 말거라. 해가 지고 별이 보이면 나침반이 없어도 집에 갈 수가 있단다."

"정말요? 어떻게요?"

"세상에서 가장 큰 나침반과 시계가 저 위에 있거든."

할머니가 손가락으로 하늘을 가리켰다. 그 말에 아이들은 어리둥
절해졌다.

"나침반과 시계요?"

"하늘에 그런 게 있을 리가 없어요."

할머니가 인자한 표정으로 아이들을 돌아보더니 하늘 한쪽을 가
리켰다.

"저기 밤하늘 높이 밝은 별이 보이니? 저 별이 있는 방향이 북쪽

저 별이 늘
북쪽에 떠 있는
북극성이다.

이란다."

할머니의 손끝에 밝게 빛나는 별 하나가 걸렸다. 초이가 할머니가 가리키는 별을 올려다보며 물었다.

"저 별이오? 그런데 저 별이 북쪽에 있다는 걸 어떻게 아세요?"

할머니가 초이를 향해 빙긋 웃고 대답했다.

"저 별은 북극성이란다. 작은곰자리라고 부르는 별자리에 속하고 언제나 북쪽에 있어. 그래서 북극성을 찾으면 북쪽이 어딘지 알 수 있단다."

초이를 따라 재각이와 분희도 할머니의 손끝이 가리키는 북극성을 올려다보았다.

"늘 북쪽에 있다니 정말 나침반 같은데요."

"그렇지."

"그런데 할머니, 저 많은 별 중에 저 별이 북극성이란 걸 어떻게 알아요?"

재각이가 물었다.

"다 방법이 있단다. 너희들 북두칠성은 알지?"

"네. 국자 모양의 별이잖아요. 저기 있네요."

재각이가 북두칠성이 있는 곳을 단번에 가리켰다. 특이한 모양 덕분에 금방 눈에 들어왔다.

"와, 정말이네. 책에서 봤던 북두칠성이다!"

어두운 하늘에 선명하게 빛나는 북두칠성을 보고 초이가 탄성을

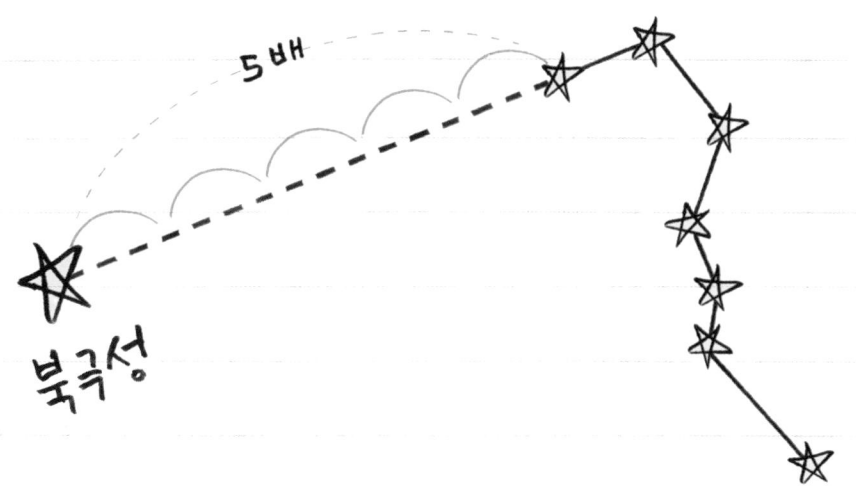

질렀다.

"북두칠성을 이루는 일곱 개의 별 중에서 국자 모양의 끝 부분을 보거라. 입을 대고 마시는 부분에 있는 별 두 개 말이다. 그 두 별의 간격의 5배만큼 떨어진 거리에 북극성이 있단다."

"진짜네! 정말 신기해요."

북극성을 찾고 기뻐하던 초이가 할머니에게 물었다.

"할머니, 북극성은 어떻게 늘 북쪽을 알려 줘요?"

분희와 재각이도 할머니의 대답을 기다렸다.

"너희들, 자전이 무엇인지 아니?"

"네. 지구가 스스로 하루에 한 바퀴씩 도는 것을 자전이라고 해요.

지구가 자전축을 중심으로 돈다고 배웠어요."

분희가 말했다.

"잘 아는구나. 우주에서 지구를 바라보면 그렇게 보인단다. 머릿속으로 자전축을 우주 공간까지 쭉 늘여 보렴. 연장한 자전축과 아주 가까운 곳에 북극성이 있단다. 즉 별이 지구의 북쪽 하늘에 있는 셈이야. 그래서 지구 북반구에서는 북극성을 찾으면 북쪽을 알 수가 있지."

"그래서 북극성을 세상에서 제일 큰 나침반이라고 하셨군요."

초이가 고개를 끄덕였다.

"그럼 북극성은 북반구에서만 볼 수 있어요?"

"당연하지. 남반구에선 보이지 않는단다."

"쯔쯔. 남반구 사람들은 밤에 방향을 알 수 없겠네요."

재각이가 혀를 차자 할머니가 고개를 저었다.

"북극성은 없지만 남쪽에서는 남십자자리와 같은 별자리를 이용하면 돼. 또 낮에는 태양이 뜨고 지는 것으로 방향을 알 수 있지."

분희가 고개를 끄덕이며 말했다.

"맞아요! 태양이 뜨는 곳이 동쪽이고 지는 곳이 서쪽이니까 방향

시간의 규칙을 찾아서

을 알 수 있어요. 재각이 넌 몰랐지?"

"쳇, 나도 그 정도는 안다고. 내가 전에 해시계에 대해서 설명한 것 잊었어?"

재각이가 입술을 내밀었다.

"정오, 즉 낮 12시에 태양의 방향을 보면 동쪽과 서쪽뿐만 아니라 남쪽과 북쪽도 찾을 수 있지. 북반구에서 본 태양은 동에서 떠서 12시쯤 남쪽을 지나 서쪽 하늘로 지니까 12시에 태양이 떠 있는 방향을 바라보면 그쪽이 남쪽, 태양을 등진 방향은 북쪽이 돼. 남반구에서는 12시쯤 태양이 떠 있는 방향이 북쪽, 그 반대 방향이 남쪽이 되겠지?"

재각이는 나침반이 없어도 방향을 알 수 있다는 사실이 놀라웠다.

"할머니, 이제 북극성으로 북쪽을 찾을 수 있어요. 그런데 저희는 나침반만 없는 게 아니라 시계도 없어요."

재각이가 할머니에게 조심스레 말했다.

"네. 아까 세상에서 가장 큰 시계도 저 하늘에 있다고 하셨잖아요. 그건 어떻게 보는 건지 가르쳐 주세요."

초이와 분희가 약초 할머니를 졸랐다. 할머니는 바닥에 동심원을 여러 개 그리고 가장 안에 있는 원의 중심에 별을 그렸다.

"이게 뭐예요? 양파같이 생겼어요."

"이 그림은 우리나라와 같은 북반구의 중위도 지방에서 북쪽 밤하

늘을 보았을 때 별들이 어떻게 움직이는지 나타낸 거야. 실제로 한 바퀴 도는 건 지구야. 하지만 우리가 지구에서 밤하늘을 올려다볼 때는, 지구가 아닌 별들이 회전하는 것처럼 보이지. 그걸 별의 일주 운동이라고 한단다."

"별의 일주 운동?"

"이 그림을 잘 보거라. 가운데에 있는 건 가만 있는 별이고 주변의 동심원들은 별이 움직인 궤적이야. 별들은 가운데에 있는 이 별을 중심으로 하루에 한 바퀴씩 돌지. 이 별은······."

"북극성이죠?"

분희가 할머니보다 먼저 말했다. 할머니가 분희를 보고 고개를 끄덕였다.

"와, 어떻게 알았어?"

초이가 놀라서 분희를 바라봤다.

"아까 할머니께서 북극성은 언제나 북쪽에 있다고 하셨잖아. 그러려면 움직이지 않아야 하니까."

"분희 말이 맞다. 지구에서 보면 북극성도 한 바퀴 돌지만 움직임이 아주 작아. 그래서 지구에서 볼 때는 거의 움직이지 않는 것처럼 보인단다."

"그러니까 **북쪽 하늘의 별들은 북극성을 중심으로 동그라미를 그리며 움직인다는 말씀이죠?**"

재각이는 들은 내용을 천천히 떠올리며 다시 물었다.

"그래. 지구에서 보면 멀리 있는 별이든 가까이 있는 별이든 북극성을 중심으로 하루에 딱 한 바퀴 돈단다. 지구가 하루에 한 바퀴 도니까 말이다. 그래서 이 움직임을 보고 시간을 알 수 있어. 별을 시계처럼 사용하는 셈이지."

할머니의 말에 아이들은 놀라지 않을 수 없었다.

"별을 시계로 쓴다고요?"

"거짓말 같지? 너희들이 손목에 차는 시계랑 똑같이 생각하면 돼. 아날로그시계의 시침이 12시간 동안 한 바퀴를 돌지? 재각아, 한 바퀴가 몇 도인지 아니?"

"……360도요."

재각이가 며칠 전에 나눈 대화를 떠올리며 대답했다.

"그럼 한 시간 동안 시침이 몇 도 움직일까?"

재각이가 망설이자 초이가 도왔다.

"아날로그시계는 숫자가 12개니까 360도÷12=30도, 한 시간에 시침이 30도 움직여요."

"그래, 잘 아는구나. 북쪽 하늘의 별은 북극성을 중심으로 12시간이 아니라 24시간에 한 바퀴를 돌아. 그럼 한 시간에 얼마큼 움직이겠니?"

"360도÷24=15도니까…… 아, 한 시간에 15도만큼 움직여요."

이번엔 재각이가 계산해 냈다.

"맞아. 북쪽 하늘의 별은 북극성을 중심으로 한 시간에 15도씩 회전한단다."

"그러니까…… 별이 처음 위치에서 15도 정도 회전하면 한 시간이 지난 거네요."

"그 별이 한 바퀴 돌아서 다시 제자리에 오는 데 24시간이 걸려요. 맞죠?"

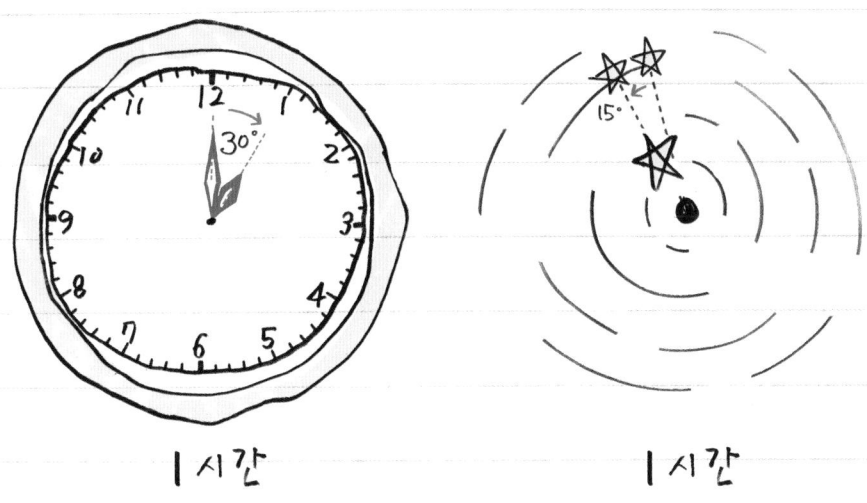

| 시간 | 시간

"그렇지."

초이가 하늘의 북두칠성을 가리키며 말했다.

"할머니, 그럼 저 북두칠성으로도 별자리 시계를 볼 수 있는 거죠?"

"물론이지. 북두칠성도 다른 별들과 마찬가지로 북극성을 중심으로 하루에 한 바퀴 도니까 말이다. 저기를 봐라. 벌써 조금 움직였잖니."

"정말이야! 북두칠성이 움직였어."

재각이도 신기한 듯 외쳤다.

"여기 계속 서 있다가는 감기 걸리겠다. 다리의 부기도 많이 가셨으니 걸으면서 이야기하자꾸나."

아이들은 다시 산에 오를 채비를 했다.

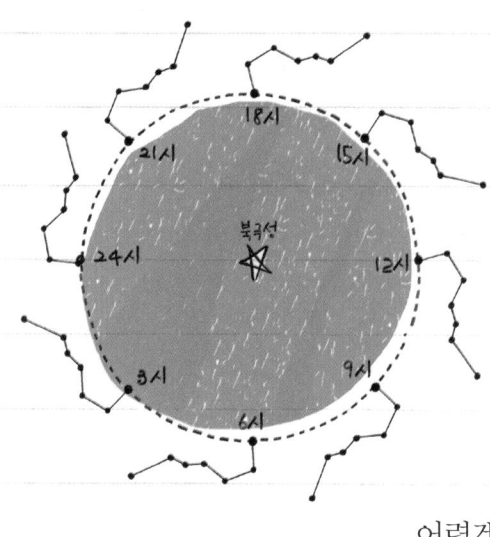

"한 시간 정도 올라가면 돼. 지금부터 별자리 시계를 보면서 한 시간 동안 북쪽으로 걷자꾸나."

"북두칠성이 15도만큼 움직일 때까지가 한 시간이죠?"

"그래. 각도기 없이 측정하는 게 어렵겠지만, 가 보자."

초이는 왓치를 한 손으로 안고 다른 손에는 배낭에서 꺼낸 손전등을 들었다. 재각이와 분희가 할머니를 부축하고 초이 뒤를 따랐다. 셋은 할머니의 걸음에 맞춰 천천히 북극성 방향으로 걸어 올라갔다.

"그런데요. 할머니, 별의 일주 운동이라는 거 좀 어려워요. 왜 별이 움직이는지⋯⋯."

앞서 가던 초이가 물었다.

"쉽게 이야기해 주마. 너희들 걸어가면서 옆의 나무를 보렴. 아니면, 기차를 타고 창밖을 본 적이 있지? 나무나 산이 어떻게 움직이더냐?"

"움직이는 건 나인데 멈춰 있는 나무나 산이 뒤로 움직이는 것처럼 보였어요."

재각이가 대답했다.

"그와 똑같은 원리야. 하늘의 별은 사실 고정되어 있는데, 지구가 자전하기 때문에 지구에 있는 우리에게는 별이 움직이는 것처럼 보이는 거란다."

"지구가 자전하기 때문에 별은 이와 반대로 움직이는 것처럼 보인다는 말씀인가요?"

"그렇지, 그렇지."

재각이의 물음에 할머니는 고개를 끄덕였다.

북두칠성이 15도 움직일 동안 북극성을 향해 걷자.

"그럼 태양이 동쪽에서 떠서 서쪽으로 지는 것도 같은 원리인가요?"

분희는 아까 재각이에게 들은 설명이 떠올라서 물었다.

"맞아. 태양이 움직이는 것이 아니라 지구의 자전에 의해 그렇게 보이는 거란다."

아이들이 고개를 끄덕였다.

"아, 이제 다리가 조금 아파요."

"할머니, 아직 북두칠성이 덜 움직였어요?"

열심히 걷던 초이와 분희가 지친 듯 한마디씩 했다.

시간의 규칙을 찾아서

“한 시간이 다 돼 가. 조금만 힘을 내자꾸나.”

그때 재각이가 소리쳤다.

“저기 불빛이 보여요!”

재각이가 가리킨 산꼭대기에 천문대가 보였다.

“저 천문대 아래쪽이 우리 집이다. 드디어 다 왔구나. 고생했다.”

세 아이들은 할머니의 집 거실에 들어섰다. 거실 한쪽 바닥에 말린 약초들이 가지런하게 놓여 있고 벽에는 커다란 별자리 지도가 펼쳐져 있었다. 탁자에는 투명한 구슬과 타로 카드도 놓여 있었다.

“들어와서 여기 잠깐 앉아 있거라. 분희 아버지께 먼저 전화하고 오마.”

“네.”

“할머니 댁에는 신기한 물건이 참 많다.”

“뭔가 신비한 분위기인데.”

아이들이 두리번거리며 한마디씩 하고 있을 때 할머니가 음료수를 가지고 거실로 나왔다.

“녀석들, 할미의 잡동사니들이 신기해 보이는 모양이구나. 분희야, 아버지께 말씀드렸다. 너희들 걱정을 많이 하셨나 봐. 오늘은 늦었으니까 여기서 하루 묵고 오라시네.”

“오늘 할머니가 별자리 시계 보는 법을 안 가르쳐 주셨으면 저희는 꼼짝없이 산에서 밤을 새워야 했을 거예요. 감사합니다.”

초이가 할머니에게 꾸벅 인사했다. 할머니가 흐뭇한 얼굴로 초이를 바라보았다.

"할머니는 하늘의 별에 대해서 어떻게 그렇게 잘 아세요? 약초를 캐다 보면 알게 되나요?"

분희가 조심스럽게 물었다.

"실은 나는 별의 위치와 움직임을 관찰하며 세상에서 벌어지는 좋은 일과 나쁜 일, 재앙과 복을 점치는 점성술사란다. 별을 자주 보다 보니 별의 규칙적인 움직임을 잘 알게 됐지. 해, 달, 별은 규칙적으로 움직이거든. 이런 규칙성은 오랫동안 관찰하지 않고서는 알 수 없단다."

"와, 할머니가 점성술사예요? 그럼 제 미래가 어떤지 점 좀 쳐 주세요."

재각이가 들뜬 목소리로 말했다.

"하하. 사람이 태어날 때 그 사람의 운명을 주관하는 별이 정해지지. 너희의 별을 찾으면 미래를 점쳐 볼 수 있어. 물론 나는 도움말을 전할 뿐, 미래는 자기 스스로 만들어 가는 거란다."

약초 할머니는 먼저 재각이의 생일을 듣고 별자리 지도에서 별을 찾았다.

"재각이는 손재주가 좋아서 멋진 기술자가 될 것 같구나."

"저, 실은 시계 같은 정교한 기계를 만드는 일을 하고 싶거든요.

분희 아버지처럼요."

초이는 내심 깜짝 놀랐다. 반도체를 다루는 미래의 재각이, 아빠가 떠올랐기 때문이다.

'약초 할머니, 정말 미래를 내다보시는 건가?'

초이가 생각에 잠겨 있는 사이 분희도 할머니에게 자기 생일을 말했다.

"분희는 음식 만드는 데 소질이 있을 것 같구나. 멋진 남편과 행복한 가정을 꾸릴 운명이야."

할머니가 재각이를 흘끗 보며 미소를 지었다.

"저는 요리 연구가가 되어 가족들에게 맛있는 음식을 해 주는 게 꿈이에요. 할머니가 제 마음을 꿰뚫어 보신 것 같아요. 신기하다."

초이의 차례가 되었지만 초이는 할머니에게 사실대로 말하기가 두려웠다.

"초이는 생일이 언제니?"

"저는…… 음…… 분희랑 같은 해에 태어났고 생일은…… 내일이에요."

"내일이 생일이야?"

분희가 놀라서 물었다.

"어. 생각해 보니 그렇네. 내가 여기 온 지도 두 달이 다 돼 가. 나도 정신이 없어서 잊고 있었어."

초이가 멍한 표정으로 대답했다.

"내일 집에 가면 생일잔치 하자."

"좋지. 누구를 초대할까?"

아이들이 초이의 생일에 대해 이야기를 나누는 동안 할머니가 하늘에서 초이의 별을 찾았다. 한참 뒤 할머니가 의심 어린 표정으로 초이의 눈을 뚫어져라 바라보았다.

"초이 너, 이 시대 사람이 아니구나."

초이는 순간 심장이 멎는 것 같았다. 재각이와 분희도 놀라 숨을 죽였다.

시간의 규칙을 찾아서

"하…… 할머니, 그걸 어떻게 아셨어요?"

초이가 겨우 말문을 열었다. 재각이와 분희도 할머니를 쳐다보았다.

"하늘에 너의 별이 없어."

할머니의 목소리가 단호했다. 초이가 조용히 입을 열었다.

"저…… 실은 미래에서 왔어요."

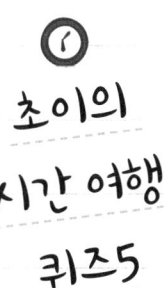

약초 할머니는 어떤 별을 보고 북쪽 방향을 알아냈나요? 또 어떤 별자리의 움직임으로 시간을 추측했나요?

 톱니바퀴, 태엽, 크리스털

초이는 약초 할머니에게 지금까지 있었던 일을 모두 털어놓았다. 초이의 눈에 눈물이 가득 고였다. 이야기를 하다 보니 집이 더욱 그리워졌다. 말이 끝나자 할머니가 초이의 어깨를 두드려 줬다.

"갑작스럽게 마음고생이 많았겠구나. 내 생각에도 깨진 모래시계 때문에 네가 과거로 온 것 같다. 너무 걱정 마라. 분명 방법이 있을 거야. 오늘은 피곤할 테니 푹 자고 내일 함께 생각해 보자꾸나."

"와, 오늘 정말 할머니 댁에서 자는 거예요?"

재각이가 창밖을 내다보며 들뜬 목소리로 말했다.

"아빠가 걱정하셨다는데 넌 신이 나니?"

분희가 재각이에게 핀잔을 주었지만 재각이는 아랑곳하지 않고 천문대로 성큼성큼 걸어 올라갔다.

"연락드렸으니까 이제 괜찮아. 꼭 수련회 온 것 같지 않아? 이왕 산에 온 거 재밌게 있다가 가자."

분희와 초이도 재각이를 따라 올라갔다.

"여기선 별이 더 밝게 보여."

아이들이 밤하늘을 올려다보며 탄성을 질렀다.

"녀석들, 여기까지 올라왔구나. 아침에 분희 아버지께서 데리러 오신다니까 오늘 밤은 편히 지내거라. 방에 야식 갖다 놓았으니 먹고 쉬렴."

방에 가니 신선한 과일이 한 바구니 가득 놓여 있었다. 아이들은 누가 먼저랄 것도 없이 과일을 집어 들었다.

"아, 맛있다. 이제 살 것 같아."

재각이가 허겁지겁 과일을 삼키고 배를 두드렸다.

"힘들긴 했지만 오늘 정말 재밌었어."

분희가 이불을 펴면서 말했다.

"나도. 내가 너희를 만나지 않았다면 여기서 어떻게 지냈을지 상상이 안 돼."

초이가 방바닥에 누워서 중얼거렸다. 잘 시간이 훨씬 지나서인지 이내 잠이 쏟아졌다.

머리 위에 무언가 묵직한 것이 쏟아지는 느낌에 초이는 눈을 번쩍 떴다. 고개를 들고 올려다보니 좁은 구멍에서 모래가 흘러내리고 있었다. 사방은 두꺼운 유리벽으로 막혀 있었다. 자기 키보다도 큰 모래시계 안에 갇힌 것이다.

'내가 모래시계 안에 있는 거야? 말도 안 돼.'

바닥에 쌓인 모래를 헤치고 나가려는데 무언가가 다리에 걸렸다. 집어 들고 보니 손바닥만 한 크기의 투명한 보석이었다.

'이게 웬 보석이지? 어디서 본 적이 있는데……'

초이는 보석을 쥔 채 유리벽 안쪽을 살폈다. 하지만 아무리 찾아도 나갈 틈이 보이지 않았다. 어느새 모래가 초이의 가슴까지 차올

랐다. 초이는 점점 숨을 쉬기 어려웠다.

"살려 주세요! 살려 주세요!"

초이가 유리벽을 세게 두드렸지만 바깥에서는 아무 기척도 없었다.

'우르르르.'

땅이 울리는 소리에 고개를 돌리니 거대한 물체들이 초이를 향해 굴러 오고 있었다. 커다란 톱니바퀴였다. 피할 새도 없이 톱니바퀴가 모래시계에 세게 부딪쳤다.

'쨍그랑!'

순간 모래시계의 유리벽이 깨졌다.

"으아악!"

초이가 비명을 지르며 벌떡 일어났다. 그 소리에 옆에서 자고 있던 분희와 재각이가 깼다.

"왜 그래, 초이야?"

"나쁜 꿈이라도 꿨어?"

분희와 재각이가 물었다.

"어…… 꿈이었나 봐."

초이는 식은땀을 닦으며 마음을 추스렸다.

잠시 후 할머니가 방문을 열고 들어왔다.

"애들아, 일어났니? 아침이다. 재각이랑 초이는 이불도 안 깔고 방바닥에서 그대로 잠들었더구나. 너무 곤히 잠들어서 안 깨웠어. 10시쯤 분희 아버지께서 오신다니까 아침부터 먹자."

할머니가 어제 아이들이 배달해 준 벽시계를 올려다보며 말했다. 시계는 9시를 가리키고 있었다.

아침 밥상에 따끈따끈한 미역국이 올라왔다.

"오늘이 초이 생일이라고 해서 미역국 좀 끓여 봤다."

"와, 좋겠다. 저도 먹을래요."

"맛있게 먹겠습니다. 축하해, 초이야."

분희와 재각이가 서둘러 숟가락을 들었다. 하지만 초이의 머릿속에는 어젯밤 꿈이 여전히 생생했다. 멍하니 앉아 있는 초이에게 할머니가 다가왔다.

"초이야, 너 괜찮니?"

"아, 생일 챙겨 주셔서 고맙습니다. 실은 간밤에 이상한 꿈을 꿨어요."

"맞다! 너 아침에 막 소리 지르면서 일어났잖아."

분희도 초이를 걱정스럽게 바라보았다.

"무슨 꿈이었는지 말해 보렴. 내가 아는 데까지 도와주마."

초이는 모래시계 안에 갇혔던 지난 밤 꿈 이야기를 했다. 모래 틈에서 찾은 투명한 보석과 거대한 톱니바퀴 이야기도 빠트리지 않았다.

"투명한 보석? 혹시 이런 거?"

투명한 보석이라는 말에 분희가 목에 걸고 있던 것을 풀어서 보여 주었다.

"이건 꿈에서 본 거랑 똑같은 보석이잖아!"

초이의 말에 재각이도 놀라 들여다보았다.

"정말이야? 분희야, 이게 뭔데?"

"크리스털이야. 보석의 한 종류인데 ⭐ <u>수정</u>이라고도 해. 외부에서 압력이나 전기를 가하면 수정이 스스로 진동하기 때문에 수정을 몸에 지니면 신체 리듬을 규칙적으로 조절할 수 있다더라. 아빠가 몸에 지니고 다니라고 사 주셨어."

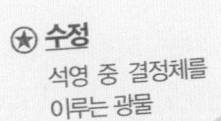

⭐ **수정**
석영 중 결정체를 이루는 광물

"초이야, 네가 본 것과 똑같다면 네 꿈에 나온 보석은 크리스털인가 봐."

"그런 것 같아!"

초이는 분희의 크리스털 목걸이를 알아보았다. 꿈에서 본 것이기도 하지만 엄마의 방에서 본 것이기도 했다. 외할아버지가 주신 소중한 물건이라던 엄마의 말씀이 생각났다.

'그래, 맞아. 어디서 봤나 했더니 엄마의 목걸이에 박힌 보석이랑 같은 거였어.'

가만히 듣고 있던 할머니가 고개를 끄덕이며 말문을 열었다.

"아마도 미래에 있는 너의 별에서 계시를 보낸 것 같구나. 네가 집으로 돌아가기 위해선 톱니바퀴와 크리스털이 쓰인 물체를 찾아야 한다. 너희가 고친 모래시계가 다시 한 번 깨질 때 네가 집으로 돌아갈 수 있을 거야. 운명을 믿으렴."

"톱니바퀴와 크리스털……."

초이는 할머니의 말을 되새기며 톱니바퀴와 크리스털이 쓰인 물체가 무엇일지 생각했다.

"혹시 다른 건 못 봤니? 음…… 태엽이라든지……. 만약 태엽까지 있었다면 내가 생각하는 물건이 확실한데 말이지."

할머니는 초이에게 지난 밤 꿈에 대해 더 캐물었다.

"태엽이오? 뭔지 모르지만 그런 건 못 본 것 같아요."

시간의 규칙을 찾아서

"태엽은 강철 띠를 돌돌 말아 놓은 기계 장치란다."

"톱니바퀴 뒤로 무언가가 더 굴러 왔는데 혹시 그게 태엽이었을까요? 잘 생각이 안 나요."

"혹시 모르니 태엽이 쓰인 물체도 함께 찾아보거라."

아이들은 할머니의 알쏭달쏭한 꿈풀이를 듣고 머리가 복잡해졌다.

"이야옹."

인기척이 들렸는지 왓치가 문 쪽으로 갔다.

"약초 할머니, 안에 계세요?"

"너에게 큰 도움을 주실 분이 오셨구나."

할머니가 문 밖의 아저씨를 보고 빙긋 웃었다.

"아빠!"

"아저씨!"

분희가 재빨리 달려 나갔다.

"아빠, 보고 싶었어요."

초이와 재각이도 달려 나가 아저씨에게 인사했다. 할머니가 묵직한 보따리를 들고 나왔다.

"분희 아버지, 아침부터 올라오느라 고생하셨어요. 어제 아이들 덕분에 무사히 집에 올 수 있었어요. 저 고양이가 나를 발견하지 않았으면 산에서 큰 고생을 했을 거예요."

"이야옹."

할머니의 말에 왓치가 기분 좋은 울음소리를 냈다.

"별말씀을요. 집에서는 말썽꾸러기들인데요."

아저씨가 왓치를 쓰다듬었다. 할머니가 약초와 나물이 가득 담긴 보따리를 아이들에게 건넸다.

"얘들아, 이제 어서 내려가렴. 그리고 초이는 할미 말 잊지 말고."

"네, 할머니."

할머니와 인사를 나누고 한 시간 남짓 등산로를 따라 내려가자 멀리 집이 보였다. 집에 다다를 즈음에 분희가 속삭였다.

"얘들아, 우리 초이가 꾼 꿈에 대해서 생각해 보자. 할머니 말씀대로 그걸 알아야 초이가 집에 돌아갈 수 있을 것 같아."

"나는 모래시계를 가져올게."

초이는 재각이가 고쳐 준 모래시계를 찾으러 방에 들어갔다. 모래시계 옆에 초이의 디지털시계도 놓여 있었다.

'건전지를 다 써서 빼 놓았는데 여기 있었구나. 집에 가게 될지도 모르니까 일단 갖고 있어야지.'

초이는 디지털시계를 찬 뒤 모래시계를 들고 마루로 나갔다. 분희가 노트에 낙서를 끄적이며 중얼거렸다.

"톱니바퀴와 크리스털과 태엽이 쓰인 물체를 찾아야 한다고 하셨지. 톱니바퀴와 크리스털과 태엽……. 이 세 가지가 사용된 물체가 대체 뭘까? 어렵네."

　고민하는 분희와 달리 재각이는 태엽이 달린 장난감 자동차를 만지작거리느라 정신이 없었다. 재각이가 옆에 달린 태엽 손잡이를 끝까지 돌린 뒤 바닥에 내려놓자 장난감 자동차가 앞으로 당겨지듯 나아갔다.

　'위이잉.'

　"아얏! 야, 오재각!"

　엎드려 있는 분희의 팔에 재각이의 태엽 자동차가 부딪쳤다.

　"지금 장난감 가지고 놀 때야? 너도 약초 할머니가 말씀하신 게 뭔지 생각해 봐."

분희가 화가 나서 소리치자 재각이도 발끈했다.

"쳇. 나는 톱니바퀴가 뭔지 모른단 말야! 태엽이라면 몰라
도……."

재각이의 말에 분희가 주춤했다.

"뭐야, 모르면 모른다고 미리 말하지."

둘이 한동안 아무 말 없이 어색하게 앉아 있자 초이가 나섰다.

"재각아, 그런데 태엽이 뭐야? 나는 사실 할머니에게 처음 들었어."

"별거 아냐. 할머니가 말씀하신 것처럼 얇은 철 띠가 동그랗게 말
려 있는 거야."

재각이가 손끝으로 뱅글뱅글 원을 그려 보였다.

"달팽이 껍질처럼 뱅글뱅글 돌아가는 거야?"

"응, 맞아."

초이는 재각이가 가지고 놀던 태엽 자동차를 집어 들었다.

"이 자동차 안에 태엽이 들어 있는 건가?"

"맞아. **손잡이를 돌리면 태엽이 감기고, 손을 놓으면 태엽이 풀리면
서 앞으로 나아가는 거야.**"

"태엽이 감겼다가 풀린다고?"

재각이가 설명했지만 분희와 초이는 잘 이해하지 못하는 표정이
었다. 재각이가 분희가 끄적거리던 종이를 집어 돌돌 말기 시작했

다. 판판한 종이가 어느새 긴 원통 모양이 되었다.

"그걸 말면 어떡해? 초이가 집에 갈 방법을 적고 있었단 말이야."

분희가 종이를 빼앗으려고 손을 뻗었다.

"아무것도 안 적어 놓고선 뭘. 자, 봐 봐."

재각이가 종이를 돌돌 말아 쥔 손을 초이와 분희 앞에 내밀었다. 그리고 종이를 쥔 손을 펴자 말린 종이가 스르르 풀렸다.

"종이를 말았다가 손을 놓으면 말려 있던 종이가 풀리면서 원래 모양으로 돌아가지? 얇은 철도 마찬가지야. **철로 된 띠를 돌돌 말았 다가 잡아 주던 힘을 풀면 원래 모양으로 돌아가려고 하지. 그 힘으로**

자동차 바퀴가 돌아가는 거야."

"고무줄을 당겼다가 놓으면 원래 모양으로 돌아가는 것과 비슷한 원리인가?"

초이는 바지 주머니에서 머리 고무줄을 꺼내 길게 늘였다. 초이가 고무줄 한쪽을 놓자 고무줄이 줄어들면서 손을 때렸다.

"아얏."

재각이가 그런 초이를 보고 웃었다.

"맞아. 대부분의 고체는 힘을 주면 모양이 어느 정도 변했다가 원래 모양으로 돌아가는 성질을 가지고 있어. 이런 걸 ⭐ 탄성이라고 해."

초이가 고개를 끄덕였다.

"네가 태엽에 대해 이렇게 잘 알고 있다니 놀라운걸."

분희가 재각이를 향해 미소 지었다.

'띠리리리.'

그때 부엌에서 타이머가 울렸다.

"어? 소리 난다. 시간 되면 보리차를 올려 놓은 불을 끄라고 아빠가 맞춰 놓고 나가셨을 거야."

"내가 끌게."

재각이가 부엌으로 가서 가스레인지 불을 끄고 식탁 위에서 울리고 있는 타이머를 들고 왔다.

"이 타이머는 투명해서 속이 들여다보이네. 이 안에 있는 게 바로 태엽이야."

재각이가 타이머 안에서 태엽을 찾아 손가락으로 가리켰다.

"아, 알겠다. 원하는 시간만큼 손잡이를 돌리면 태엽이 감기고, 시간이 지나 감겼던 태엽이 모두 풀리면 그때 소리가 나서 시간을 알려 주는 원리구나. 태엽이 쓰인 물체를 벌써 두 개나 찾았어. 태엽 자동차와 타이머."

초이가 손가락을 튕기며 말했다. 왠지 일이 잘 풀리는 듯해 기분이 좋았다.

"혹시 이 안에 크리스털도 있을까?"

초이가 양손에 태엽 자동차와 타이머를 들고 흔들어 보며 말했다. 분희가 고개를 저었다.

"그럴 것 같진 않아. 하지만 혹시 모르니까 일단 가지고 있자. 최대한 많은 태엽과 톱니바퀴와 크리스털을 모아 보자."

"응!"

초이가 힘차게 대답했다. 하지만 신이 나서 태엽에 대해 설명하던 재각이는 시무룩한 표정이었다. 분희가 재각이의 눈치를 살피며 말을 걸었다.

"재각아, 너 톱니바퀴는 본 적 없다고 했지? 잠깐만."

분희는 종이에 톱니바퀴를 그린 뒤 설명하기 시작했다.

"바퀴는 알지? 테 모양으로 둥글게 만들어 굴리는 것 말이야. **톱니바퀴란 바퀴 주위에 일정한 간격으로 톱니를 깎아서 그 톱니의 맞물림으로 힘을 전달하는 장치야. 자전거, 에스컬레이터, 회전목마 등 움직이는 장치라면 톱니바퀴가 안 쓰이는 곳이 없어.**"

"아, 자전거 체인을 거는 울퉁불퉁한 바퀴가 톱니바퀴였구나. 그건 알지."

그제야 재각이의 얼굴이 환해졌다.

"아빠 작업실에 올라가면 크고 작은 톱니바퀴가 많이 있어. 톱니바퀴는 시계의 부품으로도 쓰이거든. 같이 구경해 볼래?"

"정말?"

말이 떨어지기 무섭게 재각이가 작업실 계단으로 향했다. 분희와 초이도 따라 올라갔다.

'우당탕탕.'

"으아앗."

어두운 작업실에 불도 켜지 않고 들이닥치다가 재각이가 바닥에 넘어지고 말았다.

"괜찮아, 재각아?"

"문에 머리를 부딪쳤어."

분희는 얼른 작업실의 전등 스위치를 올렸다. 작업실 천장에 매달린 긴 전선 끝의 전등이 좌우로 왔다 갔다 움직이고 있었다. 전선이 연결된 부분이 녹슬었는지 전등이 움직일 때마다 날카로운 마찰음이 났다.

'끼익. 끼익.'

"으. 저 소리 소름 끼쳐."

"나도."

초이가 손바닥으로 팔을 비볐다. 재각이도 귀를 막고 전등을 올려다봤다. 분희만 전등을 따라 고개를 좌우로 움직이고 있었다.

전등이
흔들려.

"1초, 2초, 3초. 1초, 2초, 3초."

"분희야, 뭘 세고 있어?"

"초이야, 재각아, 저 전등 말이야, 좀 신기해. **누가 조종하는 것도 아닌데 한 번 왔다 갔다 하는 데 걸리는 시간이 일정해.** 벽시계 소리를 들으면서 봐 봐."

분희의 말에 초이도 벽시계 소리에 귀를 기울이며 움직이는 전등

시간의 규칙을 찾아서

왕복하는 데
같은 시간이
걸리네!

을 따라 좌우로 눈을 돌렸다.

"1초, 2초, 3초. 1초, 2초, 3초. 정말 한쪽 끝에서 다른 쪽 끝으로 갔다가 다시 돌아오는 데까지 3초씩 걸리네. 신기한걸."

"괘종시계 안의 진자랑 비슷하게 움직여."

"그게 무슨 말이야, 진자라니?"

재각이는 머리를 긁적이고 있었다.

223

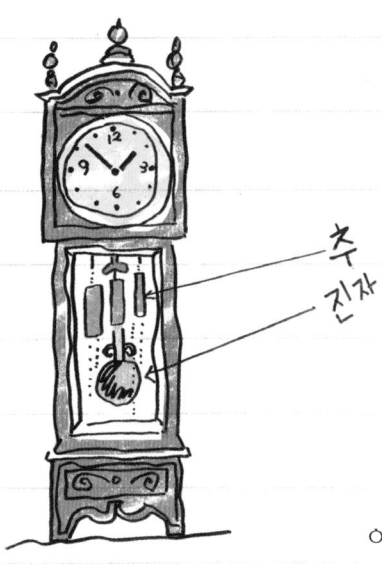

추진자

"괘종시계 안을 보면 아래로 늘어져서 좌우로 왔다 갔다 하는 것이 있어. 그게 진자야."

"분희야, 어디 있니?"

그때 마당에서 아저씨의 목소리가 들렸다.

"저희들 작업실에 있어요!"

"너희들 웬일로 여기 올라와 있니?"

아저씨가 작업실로 올라오자 왓치도 뒤따라 올라왔다.

"사실 저희가 톱니바퀴를 찾고 있거든요. 초이랑 재각이가 톱니바퀴를 보고 싶다고 해서 구경하러 왔어요. 근데 저걸 보고 특이한 점을 발견했어요."

분희가 손가락으로 여전히 흔들리고 있는 전등을 가리켰다. 아저씨도 분희가 가리키는 전등을 올려다봤다. 초이가 분희의 말을 이었다.

"재각이가 넘어지면서 문에 부딪치는 바람에 전등이 흔들리기 시작했거든요. 그런데 한 번 왔다 갔다 하는 데 걸리는 시간이 일정한 것 같아요. 확실해요. 초를 쟀거든요."

"꼭 괘종시계 안의 진자 같다니까요. 혹시 무슨 관련이 있어요?"

아저씨가 놀란 표정을 지었다.

"어떻게 알았니? 아주 밀접한 관계가 있지! **괘종시계뿐만 아니라 줄에 매달린 채 좌우로 왕복 운동하는 물체는 모두 진자라고 한단다. 전선에 매달려 흔들리는 전등도 진자인 셈이지. 진자는 한 번 왔다 갔다 하는 데 같은 시간이 걸려.**"

"시계 소리랑 겹쳐서 쉽게 알 수 있었어요."

분희가 대수롭지 않다는 듯 말했다.

"분희야, 네가 발견한 것은 진자의 등시성이라는 성질이란다. 갈릴레이가 피사의 사원에서 바람에 전등이 흔들리는 것을 보고 발견했다고 하지."

"아저씨, 그런데 전등이랑 진자의 등시성이 무슨 상관인데요?"

초이가 고개를 갸우뚱하며 물었다.

"진자가 왔다 갔다 진동하는 폭의 절반을 진폭이라고 하고, 진자가 한 번 왕복하는 데 걸리는 시간을 주기라고 해. 그네로 이야기해 볼까? 그네도 진자에 속하거든. **흔들리는 그네가 정지 위치에서 가장 높은 위치까지 이동한 거리가 진폭이 되고, 그네 줄이 뒤에서 한 번 앞으로 왔다 다시 뒤로 가는 데 걸리는 시간이 주기가 되겠지?**"

아이들이 그네를 상상하며 고개를 끄덕였다.

"그런데 이때 그네 줄의 길이가 같다면, 진폭이 넓거나 좁거나 두 그네의 주기가 같아."

초이가 아저씨의 말을 받았다.

"그러니까…… 그네가 앞뒤로 많이 움직일 때나 덜 움직일 때나 제자리로 돌아오는 시간이 같다고요?"

"그렇지. 진자의 줄 길이가 일정하면 진폭이 클 때는 비교적 빨리 움직이고 진폭이 좁을 때는 비교적 느리게 움직여서 결국 한 번 왔다 갔다 하는 데 걸리는 시간이 같단다. 바로 그걸 진자의 등시성이라고 하고."

"왔다 갔다 하는 시간이 늘 같으면…… 일정한 시간을 잴 수도 있겠네요!"

재각이가 눈을 반짝이며 물었다.

주기가 같으니까 일정한 시간을 잴 수 있어!

"맞다, 재각아. **네덜란스의 하위헌스라는 과학자가 진자의 주기가 일정하다는 성질을 이용해서 시계를 발명했어.** 괘종시계가 바로 진자를 이용한 시계란다."

"어라, 전등이 멈췄어요."

초이가 전등을 가리켰다.

"응. 마찰 때문에 서서히 운동이 멈춘 것이란다."

"그럼 진자를 쓰는 괘종시계도 멈추는 거예요?"

"시계가 멈추면 안 되지. 그래서 괘종시계에는 추가 들어 있단다. 추가 달린 끈이 톱니바퀴의 축에 감겨 있고, 추가 아래로 떨어지면서 시계의 톱니바퀴를 돌려. 이 톱니바퀴가 다른 톱니바퀴들을 돌

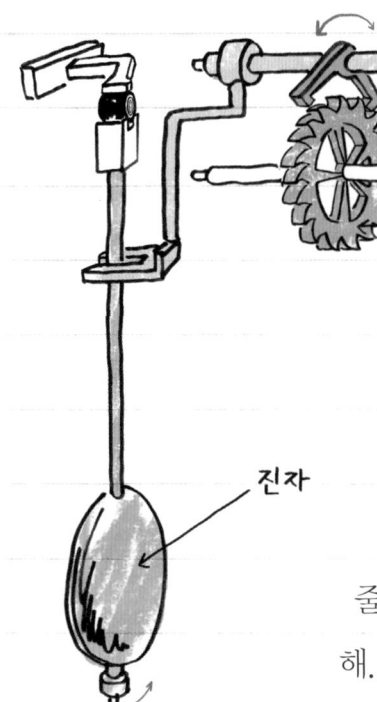

앵커

탈진바퀴

진자

려서 시곗바늘이
돌아가지."

"아, **떨어지는
추가 톱니바퀴의 동
력을 만드는군요.** 그
런데 초침이 어떻게 1초에 딱 한
눈금씩 움직이는 거예요?"

분희가 물었다.

"시곗바늘이 규칙적으로 돌아가려면
줄이 일정한 간격을 두고 조금씩 풀려야만
해. 그렇게 만들기 위해서 앵커라는 장치를
사용한단다. **앵커는 진자의 윗부분에
연결된 갈고리 모양의 장치로,
본래 선박의 닻이라는 뜻
이야.** 앵커는 진자와 연
결되어 있어서 진자가 같
은 주기로 좌우로 흔들리면
동시에 흔들려. 흔들리는 앵
커가 일정한 단위 시간 동안
톱니바퀴를 돌렸다가 붙잡

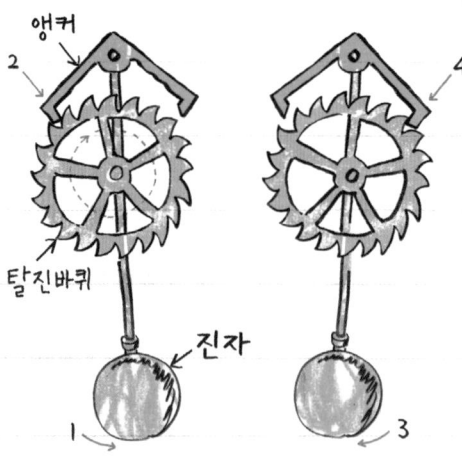

앵커

탈진바퀴

진자

는단다. 잠깐만, 직접 보여 주마.”

아저씨가 괘종시계를 열고 그 안의 진자와 앵커를 가리켰다. 진자가 흔들리는 것에 맞춰 앵커도 좌우로 흔들렸다.

“여기 앵커 아래쪽에 앵커와 닿았다 떨어졌다 하면서 돌아가는 뾰족한 톱니바퀴 보이니? 탈진바퀴라고 한단다. **앵커는 양 끝이 갈고리처럼 생겨서, 탈진바퀴를 한쪽 방향으로 밀었다가 반대쪽에서 잡기를 반복하지. 탈진바퀴는 이 때문에 돌아갔다 멈췄다 해.”**

아이들이 앵커가 좌우로 움직이면서 탈진바퀴를 밀었다 잡았다 하는 모습을 들여다봤다.

“탈진바퀴는 톱니바퀴의 일종인데 다른 톱니바퀴와 연결되어 있어. 진자의 주기는 늘 일정하잖아. 그래서 진자와 앵커, 탈진바퀴에 의해 시곗바늘이 정확한 양만큼만 회전하고 멈추지.”

“진자의 주기가 일정해서 초침이나 분침이 늘 일정한 속도로 움직였다가 멈추는구나.”

초이가 말했다.

“그런데 시계 안에는 톱니바퀴가 정말 많네요. 톱니바퀴가 없으면 시계가 움직일 수 없겠는데요. 큰 톱니바퀴랑 작은 톱니바퀴가 맞물려서 돌아가고 있어요.”

재각이는 많은 톱니바퀴가 함께 돌아가는 모습에 눈이 휘둥그레졌다. 초이와 분희의 눈도 톱니바퀴로 향했다.

"톱니바퀴라는 게 굉장히 어려운 거라고 생각했는데 하나도 안 어려운데요. 이빨처럼 울퉁불퉁 튀어나온 부분이 서로 맞물리기만 하면 되네요. 저도 조금만 배우면 만들 수 있겠어요."

재각이가 어깨를 으쓱하며 말했다.

"정말이니? 하하. 보기에는 간단하지만 톱니바퀴를 이해하려면 수학이 필요하단다. 톱니 수에 따라서 톱니바퀴의 회전 수가 달라지거든."

"회전 수요?"

"톱니가 120개인 큰 톱니바퀴와 60개인 작은 톱니바퀴가 있다고 해 보자. 두 톱니바퀴가 맞물려서 돌아가면, 큰 톱니바퀴가 한 바퀴 돌 때 작은 톱니바퀴는 몇 바퀴 돌까?"

"60의 2배가 120이니까, 작은 톱니바퀴는 2바퀴 돌면 될 것 같아요."

"맞아요. 120은 60의 배수니까요."

재각이와 초이가 연달아 대답했다. 아저씨가 고개를 끄덕이고 다시 물었다.

"그럼 다른 경우도 생각해 보자. 톱니가 100개인 큰 톱니바퀴와 톱니가 60개인 작은 톱니바퀴가 맞물려 돌아간다면, 두 톱니바퀴가 처음 맞물렸던 위치로 돌아오려면 각각 몇 바퀴씩 돌아야 할까?"

초이가 고개를 갸웃거렸다.

"음…… 이건 잘 모르겠어요. 100은 60의 배수가 아닌걸요."

시간의 규칙을 찾아서

그때 재각이가 나섰다.

"이럴 땐 100의 배수와 60의 배수 중 겹치는 것을 찾으면 되지 않을까? 100의 배수는 100, 200, 300……이고, 60의 배수는 60, 120, 180, 240, 300……이니까 300이 서로 같잖아."

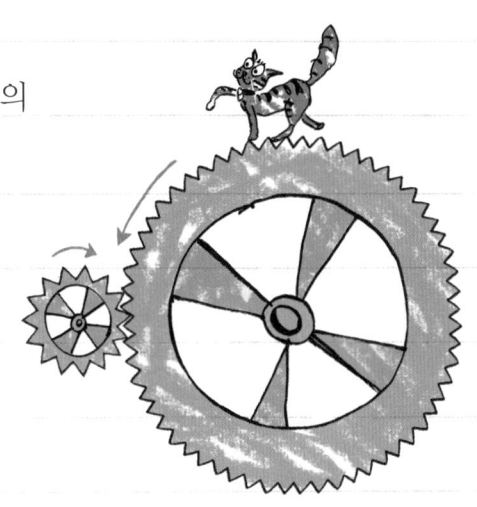

"나도 알아. **두 수의 공통되는 배수를 공배수라고 해. 300은 100과 60의 공배수이면서도 가장 작은 공배수라서 최소 공배수라고 할 수 있어.**"

분희가 재각이의 말을 거들었다.

"너희도 공배수에 대해 아는구나. 맞다. 이럴 땐 **두 수의 최소 공배수를 생각하면 돼. 100을 3배 하면 300이 되고, 60을 5배 하면 300이 되지. 그러니까 톱니가 100개인 톱니바퀴는 3바퀴, 톱니가 60개인 톱니바퀴는 5바퀴를 돌면 처음 맞물렸던 위치로 돌아온단다.**"

"최소 공배수를 아니까 정말 쉽네요."

재각이가 돌아가는 톱니바퀴를 가까이 들여다보며 중얼거렸다.

"그렇지. 두 톱니바퀴 중 하나를 A, 다른 하나를 B라고 하면, 'A의 톱니 수×A의 회전 수=B의 톱니 수×B의 회전 수'가 성립한단다. 톱니가 60개인 톱니바퀴와 톱니가 15개인 톱니바퀴의 경우에는 어떻겠니?"

"음…… 앞의 것을 A라고 하고 뒤의 것을 B라고 하면, 60×A의 회전 수＝15×B의 회전 수가 돼요. 60×1＝15×4니까 A와 B가 처음 위치로 돌아오려면 A는 한 바퀴, B는 네 바퀴 돌아야 해요."

재각이가 대답했다.

"맞았다. 이 톱니바퀴들이 각각의 시곗바늘과 연결되어 있어. 그래서 초침이 한 바퀴 회전하는 데 걸리는 시간을 60초, 분침은 60분, 시침은 12시간이 되도록 톱니 수를 조절하여 시계를 만든단다. 재각아, 재미있으면 앞으로 틈틈이 배우러 오렴."

"네! 감사합니다."

재각이가 큰 목소리로 대답하고 꾸벅 인사했다.

"근데 분희야, 이 시계에는 돌돌 말린 태엽은 없는 것 같아."

초이가 분희의 귀에 속삭였다. 시계의 구조를 살펴보는 동안에도 초이의 머리에선 약초 할머니의 당부가 떠나지 않았다. 톱니바퀴와 태엽과 크리스털이 쓰인 물체를 찾고 싶은 마음이 간절했다.

"아빠가 손목시계 태엽을 감는다고 말씀하시는 걸 들어 봤어. 아빠, 시계에 혹시 태엽은 사용되지 않아요?"

분희가 서둘러 물었다.

"무슨 소리! 시계에 태엽을 쓰지 않으면 우리는 긴 추를 매단 괘종

시간의 규칙을 찾아서

시계밖에 졸 수 없을 거야. 시계를 움직이는 추 역할을 태엽이 대신하게 되었거든. 시계에 태엽을 사용하면서 추를 사용할 때보다 훨씬 오랫동안 시계를 작동시킬 수 있게 되었지."

아저씨가 자신의 손목시계를 내밀어 보이면서 말했다.

"그럼 이 안에 태엽도 들어 있어요? 직접 보고 싶어요, 아저씨."

초이가 아저씨의 손목시계를 이리저리 만지면서 물었다.

"마침 분해해 놓은 게 있다. 이리 와 보렴."

아저씨가 작업실 책상으로 아이들을 데리고 갔다. 뚜껑을 벗긴 손목시계 안에 작은 태엽이 들어 있었다. 분희가 감겨 있는 태엽을 집어 들었다.

"아, 감겨 있던 태엽이 풀리는 힘을 이용하는 거예요?"

"그렇지."

"생각보다 작네요."

"이 태엽은 손목시계에 맞는 크기니까 작지. 모두 풀릴 때까지 시곗바늘을 하루 정도 움직일 수 있는 힘을 낸단다."

"그럼 아빠가 아침마다 시계 밥을 주신다고 한 게······."

분희는 아빠가 시계 밥을 준다면서 매일 아침 손목시계를 만지작거리던 모습을 떠올렸다. 분희의 말에 아저씨가 씨익 웃었다.

"그래. 매일 아침 손목시계의 태엽을 감아서 시계가 움직일 동력을 마련하는 거란다. 대부분의 사람들은 태엽을 감지 않아도 자동으로 태엽이 감기는 자동 시계를 쓰지만, 나는 매일 아침 태엽을 감는 게 재미있어서 수동 태엽 시계를 쓰고 있어."

"그런데 아저씨, 손목시계에도 진자, 앵커, 탈진바퀴가 들어 있어요?"

재각이가 괘종시계와 손목시계를 번갈아 들여다보면서 물었다.

"오재각, 너 벌써 시계의 구조를 다 외운 거야?"

분희가 그런 재각이를 보고 의아한 표정으로 물었다.

"하하. 기본이지. 이 부품들을 이용해서 시간을 정확하게 재는 게 너무 신기하지 않니?"

재각이가 눈을 반짝이며 아이들을 돌아봤다. 아저씨가 재각이의 머리를 쓰다듬으며 대답했다.

"그렇지. 알수록 재밌단다. 작은 시계 안에도 큰 시계와 같은 기능을 하는 부품들이 들어 있어. 물론 크기는 작지. 진자를 장치하기에는 손목시계 내부가 너무 좁거든."

"진자가 없으면 시간의 간격을 일정하게 잴 수 없잖아요."

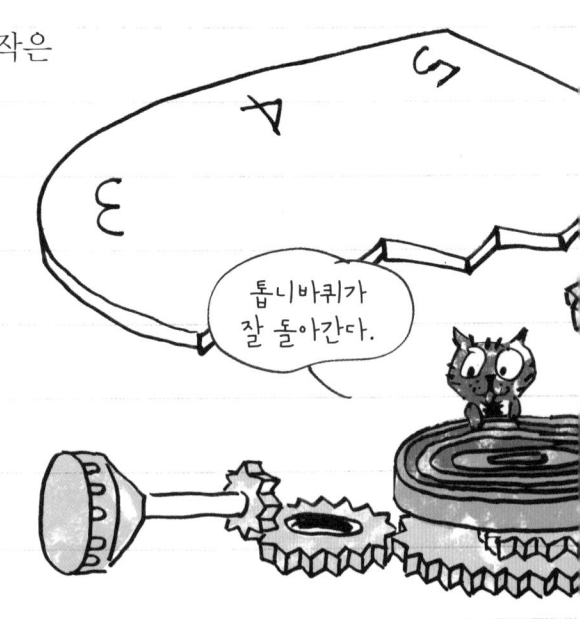

톱니바퀴가 잘 돌아간다.

시간의 규칙을 찾아서

"그래서 끈에 매달려 좌우로 흔들리는 진자 대신에 헤어스프링이라는 장치를 쓴단다."

아저씨가 시계 안의 헤어스프링을 가리켰다.

"아까 보여 주신 태엽과 다른 것이에요?"

"다르단다. 헤어스프링은 일정한 속도로 말렸다 풀렸다를 반복하면서 앵커를 좌우로 흔들어. 동력을 만들면서 소형 진자의 역할도 하지. 즉 헤어스프링은 태엽 겸 진자인 셈이야."

"아까 괘종시계에서 본 것처럼 앵커가 좌우로 흔들리네요. 그리

235

고 앵커 끝이 작은 탈진바퀴를 잡았다 놓았다 하고 있어요.”

아이들이 모두 작은 손목시계에 고개를 디밀고 헤어스프링, 앵커, 탈진바퀴의 움직임을 지켜봤다.

“정말 멋지다. 시계에는 정밀하고 복잡한 과학이 들어 있는 것 같아요.”

초이는 톱니바퀴와 태엽이 모두 들어 있는 손목시계를 물끄러미 바라보며 시계가 정말 멋진 물건이라고 생각했다.

“초이야, 그 손목시계 맘에 드니?”

아저씨는 초이의 표정을 읽고 초이에게 물었다. 초이가 가만히 고개를 끄덕였다.

“아저씨가 선물로 주마. 우리 집에 왔는데 아직까지 선물 하나도 못 줬구나. 다시 조립해 주마.”

“정말요? 감사합니다!”

분희와 초이, 재각이는 아저씨가 손목시계를 조립하는 과정을 신기하게 바라보았다.

“자, 여기 있다.”

그때 아저씨의 눈에 초이 손목의 디지털시계가 들어왔다.

“초이야, 이리 줘 봐. 건전지를 넣어 주마.”

초이가 건넨 디지털시계를 받아 살펴보며 아저씨가 말을 이었다.

“사실 요즘 시계는 대부분 건전지를 쓰지. 태엽은 거의 매일 감아

주어야 하지만 건전지를 쓰면 그럴 필요가 없거든."

"시계를 움직이는 동력이 과거부터 지금까지 추, 태엽, 건전지, 이런 식으로 변해 온 것이네요?"

"그렇지. 분희야, 재각이가 네게 선물한 시계 말이다, 그것 좀 보여 주렴. 그게 건전지가 들어가는 아날로그시계일 거다."

"여기요."

분희가 아저씨에게 시계를 내밀었다.

"괘종시계나 태엽 손목시계는 시간을 규칙적으로 흐르게 하기 위해서 진자나 헤어스프링을 사용하지만, 디지털시계에는……."

아저씨가 잠시 뜸을 들였다.

"보석을 사용한단다. 특이하지?"

"어떤 보석요?"

분희가 혹시나 하는 마음에 물었다.

"분희야, 네 시계 숫자판 아래쪽에 영어로 뭐라고 써 있니?"

"Q, U, A, R, T, Z라고 써 있는데요? ……쿼츠?"

"그래. 시간을 규칙적으로 흐르게 하기 위해 쿼츠를 사용해."

초이 얼굴에 실망한 표정이 스쳤다.

"쿼츠가 뭐예요?"

분희가 물었다.

"쿼츠에는 수정, 크리스털이라는 뜻이 있지.

시간의 규칙을 찾아서

"네?"

분희, 초이, 재각이는 자신들의 귀를 의심했다.

"정말요? 크리스털을 찾았어!"

초이와 분희가 서로 얼싸안았다.

"크리스털이 있어야 시간을 일정하게 흐르게 할 수 있거든. 그런데 쿼츠가 크리스털이라는 게 그렇게 좋니?"

아저씨가 의아해하며 물었다.

"사실 저희가 톱니바퀴와 태엽과 크리스털이 들어간 물체를 찾고 있었거든요. 그런데 시계 안에 모두 있을 줄은 몰랐어요."

"축하한다. 무슨 게임이지?"

아저씨는 아이들이 게임을 한다고 생각하고 물었다.

"그게…… 혹시 초이가 집에 돌아갈 방법이 있는지 찾는 거예요. 그런데 크리스털이 어떻게 시간을 일정하게 흐르도록 하는 건데요?"

아저씨는 뭔가 더 묻고 싶은 듯했지만 재각이의 질문에 대답해 주었다.

"그게 말이다, **수정, 즉 크리스털을 4밀리미터로 얇게 잘라 시계 안에 넣고 양쪽에 전기를 흘려 주면 수정이 1초에 3만 2768번 진동한다.** 이걸 수정 진동자라고 해. 건전지를 쓰는 아날로그시계의 경우 시계 안에 수정 진동자의 진동을 감지하는 센서를 넣는단다. 그래

서 수정이 3만 2768번 진동하면 센서가 1초가 지났다는 신호를 내보내. 그 신호가 전동기에 보내지면 전동기가 만든 힘으로 시계 톱니를 움직이는 거란다."

"그런데 왜 하필 수정을 쓰는 거예요?"

"수정은 진동하는 주기가 짧고 일정하기 때문이지."

"그런데 아빠, 아날로그시계와 디지털시계는 뭐가 다른 거예요?"

"시간을 나타내는 방법이 다르지. 아날로그시계는 바늘의 움직임으로 나타내고, 디지털시계는 숫자로 시간을 나타낸단다. 초이는 둘 다 써 봤으니 잘 알지? 직접 써 보니 어떠니?"

초이가 아날로그시계와 디지털시계를 번갈아 보며 말했다.

"제가 아날로그시계의 시곗바늘을 못 읽을 때는 디지털시계만 봤어요. 디지털시계는 숫자가 바로 나와서 편리하거든요. 알람이랑 스톱워치 기능도 있고. 그런데 요즘은 아날로그시계를 더 많이 봐요. 1초 1초 시간이 흘러가는 게 눈으로 보여서 그런지 시간이 더 귀하게 느껴지는 것 같아요.”

분희는 초이가 찬 디지털시계가 신기한지 이것저것 눌러 보고 있었다. 그 모습을 본 초이가 디지털시계를 분희에게 내밀었다.

“우리, 시계를 서로 바꾸면 어떨까?”

분희가 잠시 머뭇했다. 재각이에게 선물받은 시계였기 때문이다.

“분희야, 바꾸고 싶으면 바꿔. 내가 너에게 준 시계를 초이가 가지면 우리 셋이 우정의 징표를 나누는 셈이잖아.”

재각이의 말에 아저씨도 고개를 끄덕였다. 초이는 아저씨가 준 시계를 왼쪽 손목에 차고 분희에게 받은 시계는 오른쪽 손목에 찼다. 양 손목이 묵직해지면서 초이의 가슴속이 따스해졌다.

① 초이의 시간 여행 퀴즈6

톱니가 100개인 톱니바퀴와 톱니가 40개인 톱니바퀴가 맞물려 돌아갈 때, 두 톱니바퀴가 처음 맞물렸던 위치로 돌아오려면 각각 몇 바퀴씩 돌아야 할까요?

다시 시간이 흐른다

"왓치, 나 이제 집에 돌아갈 수 있을까?"

초이는 시계를 찬 손으로 왓치를 번쩍 들어 올렸다. 집에 돌아갈 수 있다는 기대감에 절로 미소가 지어졌다.

"그래, 초이가 집에 돌아갈 방법을 아저씨도 수소문하고 있단다. 오래 걸리지 않을 테니 그동안은 걱정하지 말고 지금처럼 편히 지내렴. 가서 간식 좀 가져오마."

아저씨가 작업실 밖으로 나가자마자 분희가 초이를 덥썩 안았다.

"초이야, 톱니바퀴와 태엽과 크리스털을 모두 찾았어!"

"정말 축하해. 시계에 다 들어 있을 줄이야."

재각이도 다가와 기쁜 표정으로 속삭였다.

"너희들 덕분에 찾은 거야. 고마워. 그런데 이제 어떻게 해야 하지?"

"모래시계를 깨트려야 한다고 했어."

분희가 모래시계를 던지는 시늉을 했다.

"무턱대고 깼다가 혹시 소용이 없으면 어떻게 해. 모래시계는 하나밖에 없는데."

재각이가 고개를 가로저었다. 그때 부엌에서 아저씨의 목소리가 들렸다.

"분희야, 재각아, 와서 좀 거들어 주렴."

"초이야, 잠깐만 있어."

분희와 재각이가 아래층으로 내려가고, 작업실에는 초이 혼자 남았다.

'정말 모래시계를 깨트려도 될까?'

초이가 주머니에서 모래시계를 꺼내 바라보며 가만히 생각에 잠겼다. 그러자 왓치가 털을 곤두세우며 그르렁대기 시작했다.

"왜 그래, 왓치? 너는 이 모래시계만 보면 경계하는 것 같아."

초이가 걱정스럽게 말하는 순간 왓치가 앞발로 모래시계를 내리쳤다.

"왓치! 그러지 마."

"야아옹."

초이가 왓치를 나무랐지만 왓치는 멈추지 않고 모래시계에 달려들었다.

"아얏!"

왓치의 발톱이 초이의 손을 세게 긁었다. 초이는 그만 모래시계를 놓치고 말았다. 왓치가 떨어진 모래시계 끄트머리를 물고 작업실 선반으로 올라갔다.

"이리 와. 거기 올라가면 안 돼. 모래시계를 떨어트릴지 몰라."

초이가 왓치를 잡으려고 손을 뻗었지만 쉽게 닿지 않았다. 가까스로 초이의 손끝에 꼬리가 잡힌 순간, 왓치가 모래시계와 함께 선반에서 떨어졌다.

'쨍그랑!'

왓치는 바닥에 안전하게 내려섰지만 모래시계는 책상에 부딪쳐 깨지고 말았다. 모래시계 안에 들어 있던 모래가 왓치에게 쏟아졌다.

"야아아옹."

'째깍, 째깍, 째깍, 째깍.'

초이가 외할아버지의 작업실에서 들었던 시끄러운 초침 소리가 다시 한 번 귀를 찢을 듯 울려 퍼졌다.

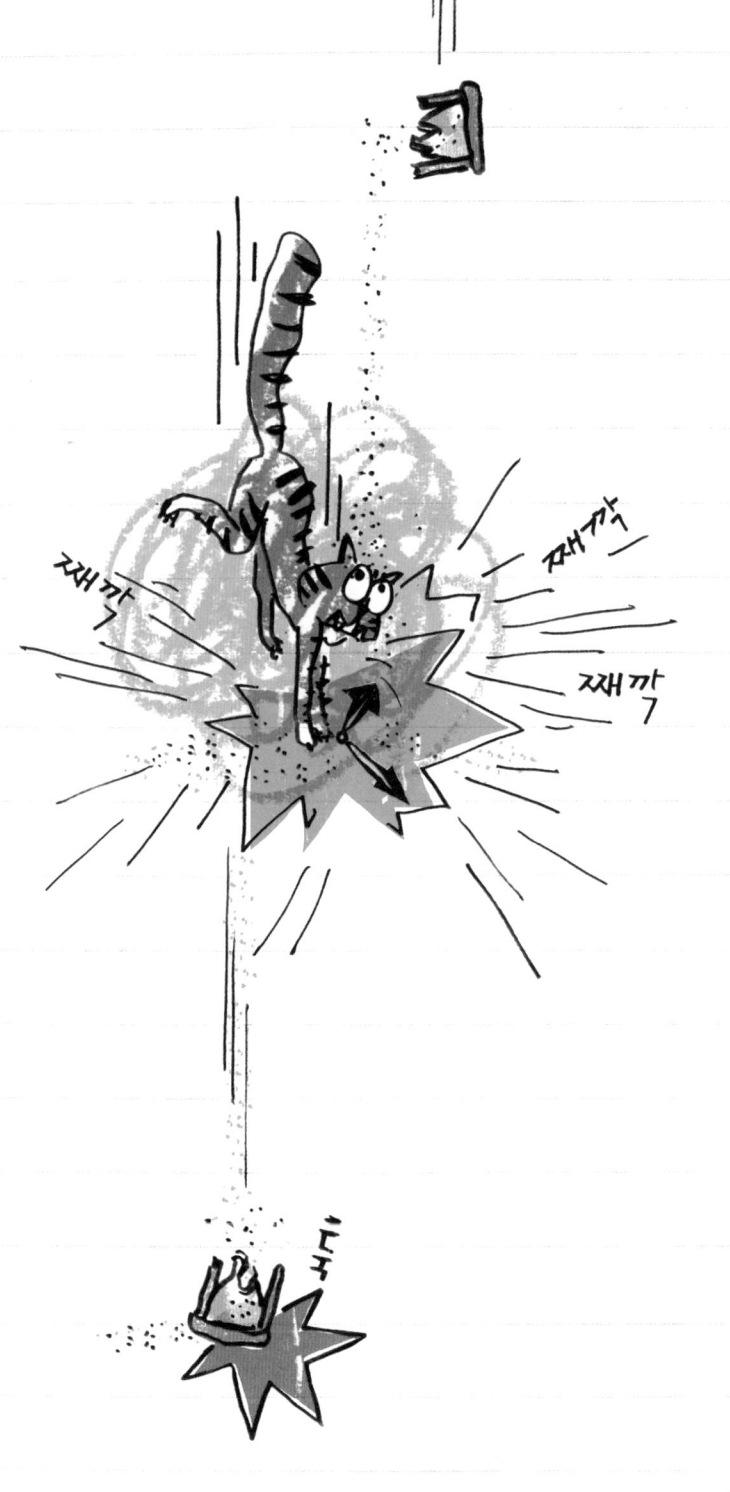

에필로그

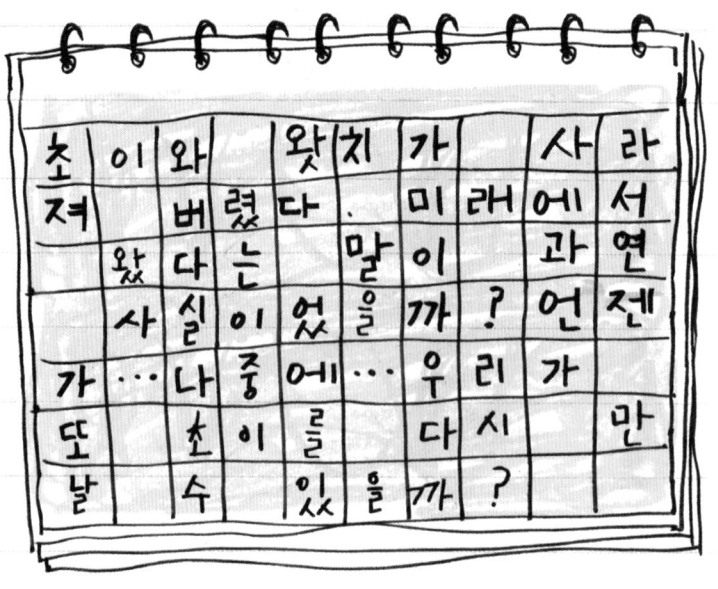

초이와 왓치가 사라
져버렸다. 미래에서
왔다는 말이 과연
사실이었을까? 언제
가…나중에…우리가
또 초이를 다시 만
날 수 있을까?

'뻐꾹, 뻐꾹······.'

뻐꾸기시계가 저녁 7시를 알렸다. 작업실의 풍경이 무언가 달라져 있었다. 초이는 서둘러 달력을 찾았다. 작업실 문에 2013년 2월의 달력이 걸려 있었다. 현재로 돌아온 것이 분명했다. 오랫동안 과거에 있었던 것 같은데 현재에선 몇 시간밖에 지나지 않은 모양이었다.

"집, 집에 돌아왔어! 잠깐, 내가 꿈을 꾼 건가?"

초이는 자신이 꿈을 꾼 건지 과거에 다녀온 건지 혼란스러웠다. 왓치도 정신이 없는 듯 바닥에 축 늘어져 있었다. 그때 초이의 양 손목에 채워져 있는 시계가 눈에 들어왔다.

"아저씨가 준 시계와 분희가 준 시계잖아."

작업실 책상 위에는 일기장이 다시 놓여 있었다. 초이는 재빨리 일기장을 집어 들고 마지막 장을 펼쳤다.

'사실이었어! 내가 과거에 갔다 온 거야.'

초이는 작업실 문을 박차고 나와 계단을 뛰어 내려왔다. 엄마와 아빠가 그대로 있는지 궁금해서 가만히 있을 수가 없었다. 1층에 있던 엄마가 깜짝 놀라 초이를 바라봤다. 초이를 찾고 있던 모양이었다.

"오초이! 너 어디 있었어? 엄마랑 아빠가 한참 찾았잖아."

"2층 작업실에 있었어요. 가끔 거기 올라가면 마음이 편해져서요."

초이가 기어들어 가는 목소리로 말했다. 엄마에게 과거에 갔다 온 이야기를 할 수는 없었다.

"작업실에 올라가 있을 줄은 몰랐지."

"그런 줄도 모르고 초이 네가 안 보여서 걱정했지 뭐냐."

방에서 아빠가 나왔다. 초이는 방금 전까지 함께 있었던 분희와 재각이가 떠올라 정신이 멍했다. 놀라서 그저 엄마와 아빠를 번갈아 볼 뿐이었다.

"걱정 끼쳐 드려서 죄송해요."

초이가 겨우 입을 뗐다.

"우리가 미안하다. 앞으로는 시계 읽는 것으로 부담 주지 않으마."

시간의 규칙을 찾아서

아빠가 초이를 안으며 미안한 표정으로 말했다.

"아니에요. 제가 적극적으로 배우려고 하지 않았던 것 같아요. 그리고…… 저 이제 시계 읽을 줄 알아요. 친절한 아저씨랑 멋진 두 친구가 가르쳐 줬거든요. 하나도 안 어렵던데요."

"정말이니? 그래. 엄마가 너만 했을 때 친하게 지냈던 친구도 시계를 볼 줄 몰랐는데, 외할아버지가 가르쳐 주셔서 금방 배웠단다."

초이의 엄마가 과거를 떠올리며 말했다.

"맞아요. 여보, 그 친구 이름이 초이였지?"

"초이라는 사람이 또 있었어요?"

초이가 혹시나 하는 마음에 아빠에게 물었다.

"그래. 엄마네 집에 고양이와 함께 나타났다가 사라진 친군데, 자기가 미래에서 왔다고 소개했었지. 그리곤 어느 날 갑자기 사라졌단다. 정말 미래로 돌아간 건지 모르겠지만…… 집으로 잘 돌아갔을 거라고 우린 믿고 있단다."

"난 초이가 미래로 돌아갔을 거라고 믿어요."

엄마가 아빠를 바라보며 말했다.

"그때 즐겁게 놀던 추억을 생각해서 네 이름을 초이라고 짓게 된 거야. 우리 고양이 왓치도 그렇고."

초이는 엄마와 아빠가 과거에 만났던 사람이 자신이라는 것을 확신했다. 초이는 소중한 추억을 괜히 깨트리고 싶지 않아 자신이 과거로 갔었다는 사실을 말하지 않기로 했다.

"아마 초이는 집에 잘 돌아갔을 거예요. 엄마, 아빠와 지낸 추억을 간직하고서⋯⋯."

"하하. 그래, 초이 마음은 초이가 알겠지. 피곤해 보이는데 오늘은 일찍 자렴."

"네. 내일은 꼭 아빠랑 산에 갈 수 있게 지금 자야겠어요. 안녕히 주무세요."

초이는 방에 누워서 지금까지의 일을 떠올려 보았다. 시간에 대해 무관심했던 자신의 모습이 떠올라 머쓱해졌다. 분희와 재각이와 지낸 시간들 덕분에 아빠에 대해 서운했던 감정도 눈 녹듯이 사라졌다. 초이는 외할아버지와 엄마의 시계를 풀어 손에 들고 시곗바늘을 가만히 바라봤다.

'째깍, 째깍, 째깍, 째깍.'

초이가 과거와 현재를 생각하는 사이에도 시계의 초침이 열심히 돌아가고 있었다.

'시간은 지금도 흐르네. 다가올 미래에는 또 어떤 일들이 생길까. 소중한 시간, 한순간도 놓치지 말아야지.'

시간의 규칙을 찾아서

초이의 시간 여행 퀴즈 정답

퀴즈 1

정답 : 규칙적인 초이의 생체 시계가 밤을 알렸기 때문입니다. 초이는 저녁이 될 무렵에 모래시계를 깨트리고 과거로 이동했습니다. 도착한 시각은 정오가 지난 한낮이지만, 초이의 생체 시계는 늘 그래 왔던 것처럼 잠들 시간을 알려 준 것입니다.

퀴즈 2

정답 : 10보다 12의 약수가 많기 때문입니다. 약수의 개수가 많으면 수를 여러 가지 묶음으로 나누어 세기 편리합니다. 12는 1, 2, 3, 4, 6, 12의 6개의 약수를 가지고 있습니다. 60 역시 1, 2, 3, 4, 5, 6, 10, 12, 15, 20, 30, 60의 12개의 약수로 나누어떨어지기 때문에 시간을 나누어 세는 데 적합합니다.

퀴즈 3

정답 : 호주가 남반구에 있기 때문입니다. 북반구에서는 태양이 동쪽에서 남쪽을 거쳐 서쪽으로 지지만 남반구에서는 태양이 동쪽에서 북쪽을 거쳐 서쪽으로 집니다. 그래서 남반구의 그림자와 북반구의 그림자의 이동 방향이 서로 반대입니다. 현재는 북반구에서의 그림자 이동 방향을 시계 방향으로 씁니다.

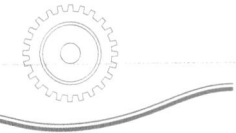

퀴즈 4

정답 : 지구가 태양 주위를 한 바퀴 도는 데 365일 5시간 48분이 걸리는 데 달력에서는 1년을 365일로 세기 때문입니다. 따지지 않고 넘어가는 5시간 48분(약 6시간)이 4년 동안 모이면 약 하루가 됩니다. 이 하루의 오차를 없애기 위해 4년에 한 번 달력에서 가장 날짜가 적은 2월에 29일을 끼워 넣습니다.

퀴즈 5

정답 : 북극성으로 북쪽을 찾고, 북두칠성의 위치로 시간을 추측했습니다. 지구는 자전축을 중심으로 하루에 한 바퀴를 돕니다. 그래서 북반구의 중위도 지방에서 북쪽 밤하늘을 올려다보면 별들이 북극성을 중심으로 24시간 동안 한 바퀴 도는 것처럼 보입니다. 따라서 북두칠성이 15도만큼 회전하면 한 시간이 지났다는 것을 알 수 있습니다.

퀴즈 6

정답 : 두 톱니 수의 최소 공배수를 찾으면 톱니바퀴의 회전 수를 따질 수 있습니다. 100의 배수 100, 200, 300……과 40의 배수 40, 80, 120, 160, 200, 240…… 중 최소 공배수는 200입니다. 100은 2배 하면 200이 되고 40은 5배 하면 200이 됩니다. 따라서 톱니가 100개인 톱니바퀴는 2바퀴, 톱니가 40개인 톱니바퀴는 5바퀴 돌아야 처음 맞물렸던 위치로 돌아옵니다.

새로운 수학·과학 교육의 패러다임

"지구는 둥근 모양이야!"라고 말한다면 배운 것을 잘 이야기할 수 있는 학생입니다.

"지구가 둥글다는 것을 어떻게 알게 되었나요?"라고 질문한다면, 그리고 그 답을 스스로 생각해 보고 궁금증에 대한 흥미를 느낀다면 생활 주변에서 배우고 성장할 수 있는 학생입니다.

미래 사회는 감성과 창의성으로 학문의 경계를 넘나드는 융합형 인재를 필요로 합니다. 단순한 지식을 주입하지 않고 '왜?'라고 스스로 묻고 찾아볼 수 있어야 합니다.

미국, 영국, 일본, 핀란드를 비롯해 많은 선진 국가에서 수학과 과학 융합 교육에 힘쓰고 있습니다. 우리나라에서도 창의 융합형 과학 기술 인재 양성을 위해 교육부에서 융합인재교육(STEAM) 정책을 추진하고 있습니다.

융합인재교육(STEAM)은 과학(Science), 기술(Technology), 공학(Engineering), 예술(Arts), 수학(Mathematics)을 실생활에서 자연스럽게 융합하도록 가르칩니다.

〈수학으로 통하는 과학〉 시리즈는 융합인재교육(STEAM) 정책에 맞추어, 수학·과학에 대해 학생들이 흥미를 갖고 능동적으로 참여하며 스스로 문제를 정의하고 해결할 수 있도록 도와주고 있습니다.

스스로 깨우치는 교육! 과학에 대한 흥미와 이해를 높여 예술 등 타 분야를 연계하여 공부하고 이를 실생활에서 직접 활용할 수 있도록 하는 것이 진정한 살아있는 교육일 것입니다.

3 수학으로 통하는 과학

시간의 규칙을 찾아서

ⓒ 2013 글 과학주머니
ⓒ 2013 그림 이지후

초판 1쇄 발행 2013년 10월 8일
초판 7쇄 발행 2021년 7월 5일

지은이 과학주머니
그린이 이지후
펴낸이 정은영

펴낸곳 ㈜자음과모음
출판등록 2001년 11월 28일 제2001-000259호
주소 04047 서울시 마포구 양화로6길 49
전화 편집부 (02)324-2347, 경영지원부 (02)325-6047
팩스 편집부 (02)324-2348, 경영지원부 (02)2648-1311
이메일 jamoteen@jamobook.com

ISBN 978-89-544-3014-2(44400)
       978-89-544-2826-2(set)

이 도서의 국립중앙도서관 출판시도서목록(CIP)은 서지정보유통지원시스템 홈페이지(http://seoji.nl.go.kr)와
국가자료공동목록시스템(http://www.nl.go.kr/kolisnet)에서 이용하실 수 있습니다.
(CIP제어번호 : CIP2013018950)